Fulvio Roiter
High-Rise New York

edited by / a cura di
Victoria Noel-Johnson

SKIRA

Cover | In copertina
Untitled, September 1998
Senza titolo, settembre 1998

Design
Marcello Francone

Editorial coordination |
Coordinamento redazionale
Vincenza Russo

Editing | Redazione
Anna Albano

Layout | Impaginazione
Anna Cattaneo

Translations | Traduzione
Marcella Mancini
Victoria Noel-Johnson

First published in Italy in 2021 by
Skira Editore S.p.A.
Palazzo Casati Stampa
via Torino 61
20123 Milano
Italy

Printed and bound in Italy.
First edition

ISBN: 978-88-572-4716-8

Distributed in USA, Canada,
Central & South America by
ARTBOOK | D.A.P. 75 Broad Street
Suite 630, New York, NY 10004, USA.
Distributed elsewhere in the world
by Thames and Hudson Ltd., 181A
High Holborn, London WC1V 7QX,
United Kingdom.

Finito di stampare nel mese
di dicembre 2021
a cura di Skira editore, Milano
Printed in Italy

www.skira.net

Fulvio Roiter: High-Rise New York

Casa Italiana Zerilli-Marimò
New York University
24 West 12th Street
New York

September 10, 2021 – March 31, 2022

Exhibition / Mostra

Curated by / A cura di
Victoria Noel-Johnson

And presented by / E presentata da

Fondazione Fulvio Roiter

President / Presidente
Jessica Roiter

Vice-President / Vicepresidente
Paolo Zanetti

Casa Italiana Zerilli-Marimò, NYU

Director / Direttore
Stefano Albertini

Administrator / Amministratore
Kostja Kostic

Program and Media Coordinator / Coordinatore dei progetti
Julian Sachs

Supported by / Con il sostegno di
Istituto Italiano di Cultura, New York

Under the auspices of the / Sotto gli auspici del
Consulate General of Italy in New York

Art Transportation / Trasporti
Spedart Srl, Rome

Insurance / Assicurazione
Huntington T. Block Insurance Agency, Inc., New York

Printing and Framing / Stampa e incorniciatura
Luca Mariani of Il Colore, Rome

Catalogue / Catalogo

Edited by / A cura di
Victoria Noel-Johnson

In collaboration with / In collaborazione con
Fondazione Fulvio Roiter

Produced by / Con il contributo di
Casa Italiana Zerilli-Marimò

Translations / Traduzione
Marcella Mancini
Victoria Noel-Johnson

Le Macchine Effimere

Giulia Brugnoletti
Elena Vismara

Lungi dal riaprire ferite profonde e riaccendere il dolore che indugia nei nostri cuori, questa mostra di Fulvio Roiter ha un effetto calmante e magico.

Può essere una percezione puramente personale eppure, dopo essere stati sommersi per anni dalle immagini, dai suoni e dai ricordi della tragedia, guardare queste foto ci riporta a una sorta di appartenenza senza tempo e pacifica.

Mi piace immaginare che queste foto abbiano il potere di trascendere gli eventi storici e andare anche oltre la nostalgia, cristallizzando le Torri Gemelle come una delle Meraviglie del Mondo che non si vedono da nessuna parte, ma esistono nelle nostre menti e appartengono a tutti per sempre.

In questo modo le Torri Gemelle ridiventano il simbolo eterno della città e – esattamente come lo spirito e la forza di New York e dei newyorkesi – una fonte di ispirazione per tutto il mondo.

Le forme, la grandezza, i riflessi, la magnificenza e l'unicità delle Torri Gemelle sono e rimarranno parte dell'anima di questa città. Questa mostra, organizzata da Casa Italiana con il sostegno dell'Istituto Italiano di Cultura, è anche un modo per coltivare questo patrimonio a beneficio delle nuove generazioni, che non hanno avuto la possibilità di ammirare con i loro occhi i giganti di acciaio e cemento che si protendevano verso il cielo.

Fabrizio Di Michele

Console generale d'Italia a New York

Far from reopening deep wounds and re-igniting the pain that lingers in our hearts, this exhibition by Fulvio Roiter has a soothing, magical effect.

This may be a purely personal perception and yet, after being overwhelmed for years with the images, sounds and memories of the tragedy, a look at these pictures provides us with a sort of timeless and peaceful sense of belonging.

I like to think that these pictures have the power to transcend historical events and a feeling of nostalgia, crystallizing the Twin Towers like one of the Wonders of the World that are not seen anywhere, but exist in our minds and belong to all forever.

In this way, the Twin Towers once again become the eternal symbol of the city and—just like the spirit and strength of New York and Newyorkers—a source of inspiration for the whole world.

The shapes, the grandeur, the reflections, the magnificence and uniqueness of the Twin Towers are and will always remain part of this city's soul. This exhibition, organized by Casa Italiana with the support of the Italian Institute of Culture, is also a way of nurturing this heritage for new generations, who did not have the chance to admire those steel and concrete giants that reached up to Heaven with their own eyes.

Fabrizio Di Michele

Consul General of Italy in New York

I colori in bianco e nero di Fulvio Roiter

Cosa sarebbe Roiter senza la nebbia o almeno il vapore che a Venezia sembra salire dai canali, dalle salizade, dai ponti e addensarsi là in fondo, dove lo sguardo si perde? È quello sfondo atmosferico che dà colore alle prime foto in bianco e nero di Roiter, trasformando una sagoma scura in un'emersione improvvisa che attira l'occhio e crea una prospettiva cromatica, piuttosto che geometrica.

Grazie alla sua sensibilità "climatica" Roiter dipinge a colori anche quando sembra limitarsi alla bicromia. E il colore – sempre usato con sensibilità tonale – si semplifica, si riduce alla semplicissima grammatica tra contesto ed epifania: una macchia, un soprassalto, un'improvvisa apparizione che si stacca dallo sfondo o che lo piega verso di sé.

In questo senso il bianco e nero resta il campo di prova e il modello di un gioco cromatico che in Roiter si lega sempre a un dialogo binario tra contesto e scarto. Una macchia di rosso (lo si potrebbe definire il "rosso Roiter"), o di giallo, o di azzurro lievemente più acceso creano lo spazio della fotografia più di quanto non facciano le linee che ne costruiscono il reticolato prospettico.

In Roiter il colore ha una funzione non solo estetica, ma direi poetica. Lo sguardo del fotografo ci suggerisce una realtà apparentemente quotidiana, senza eventi eclatanti, dove l'occhio deve abituarsi proprio ai soprassalti cromatici per cogliere il momento, il miracolo, la poesia dell'insignificante: una coppia a passeggio su un ponte, un ciclista fermo da solo in una piazza, due uomini appoggiati a un muro bastano a produrre l'incanto. Qualche volta la protagonista è l'architettura, anch'essa utilizzata non come articolazione di masse, ma di linee e toni, luci e ombre.

Questa dimensione lirica della fotografia crea effetti particolarmente toccanti nel caso delle immagini di New York prese poco tempo prima dell'attacco alle Torri gemelle. Il tempo e la consapevolezza storica rendono ancora più forte il messaggio trasmesso dalla fotografia di Roiter: lo stupore di fronte alla bellezza, e lo sgomento per la sua solitaria fragilità.

Fabio Finotti
Direttore, Istituto Italiano di Cultura di New York

Fulvio Roiter's Colors in Black and White

What would Roiter be without the fog or at least the mist that appears to rise from Venice's canals, alleyways and bridges, and gathers at the bottom, where one loses one's gaze? It is that atmospheric background that lends color to Roiter's earliest black and white photographs, immediately transforming a dark silhouette into "something" that catches the eye and creates a chromatic rather than geometric perspective.

Thanks to his "climatic" sensitivity, Roiter paints in color even when he appears to limit himself to two tones. And the use of color—which is always used with tonal sensitivity—is simplified. It is reduced to the simplest form of grammar between context and epiphany: a stain, a start, a sudden appearance that detaches itself from the background or bends in on itself.

In this sense, black and white remain the testing ground and model of a chromatic game that remain linked to a binary dialogue between context and selected cuts in Roiter's work. A spot of red (that one could define as "Roiter red"), or yellow, or a slightly brighter blue, create the space of the photograph more than those lines that build the perspective grid.

Color does not only serve an aesthetic function, but, in Roiter's case, a poetic one I would say. The photographer's gaze suggests a seemingly daily reality, without eye-catching events, where the eye must get used to chromatic jolts in order to capture the moment, the miracle, the poetry of insignificance: a couple walking on a bridge, a stationary cyclist captured alone in a square, or two men leaning against a wall, are enough to cast such a spell. Sometimes the protagonist is architecture. It, too, is not used as an articulation of masses, but is rather composed of lines and tones, light and shade.

This lyrical dimension of such photography creates particularly moving effects in the case of his images of New York taken shortly before the attack on the Twin Towers. Time and historical awareness make the message conveyed by Roiter's photography all the stronger: the feeling of amazement in front of beauty, and the dismay at its solitary fragility.

Fabio Finotti

Director, Istituto Italiano di Cultura of New York

In quella splendida mattina di settembre, il sole splendeva più brillante che mai e il cielo era di un azzurro intenso come può esserlo solo a New York. Stavo bevendo il tè nel mio appartamento quando il primo aereo si schiantò, e in quel momento vidi la palla di fuoco che avvolgeva la parte superiore della torre. Alla New York University le lezioni erano appena iniziate. Il professor John Freccero stava facendo lezione sull'Inferno di Dante nell'auditorium della Casa Italiana Zerilli-Marimò. Sistemammo una televisione nel grande atrio d'entrata e mentre gli studenti uscivano dalla classe venivano a sapere degli attacchi e vedevano le immagini terrificanti alle quali tutto il mondo si è quasi abituato.

La Casa Italiana e il World Trade Center sono a un paio di chilometri di distanza e le Torri Gemelle erano gli unici edifici che si riuscivano a vedere dal nostro giardino idilliaco. Dalla terrazza sud della Casa, io e alcuni colleghi vedemmo le torri crollare come un castello di carte. Internet e le linee telefoniche erano saltate. Soltanto il vecchio telefono a gettone nel seminterrato funzionava ancora. In breve si formò una lunga fila ordinata di persone coperte di cenere e polvere che lo usarono per far sapere alle proprie famiglie che erano vive.

A vent'anni dall'evento, la Casa Italiana ha accolto la proposta della Fondazione Roiter di produrre e ospitare una mostra di fotografie scattate da Fulvio Roiter negli anni precedenti gli attacchi del 2001. Sono un omaggio e un ricordo, ma sono soprattutto un inno a New York, alla sua cangiante bellezza, alla sua resilienza unica, alla sua straordinaria abilità di rialzarsi dopo ogni caduta.

Vederla attraverso il penetrante sguardo fotografico di Fulvio Roiter vi farà innamorare ancora di più di New York, e vi trasmetterà una nuova carica di energia in questo momento di rinascita per la città e per il mondo.

Stefano Albertini

Direttore, Casa Italiana Zerilli-Marimò
New York University

On that gorgeous September morning the sun shined brighter with each passing minute and the sky was as blue as it can be only in New York. I was sipping a cup of tea in my apartment when the first plane hit, as I saw the ball of fire that engulfed the building. Classes at New York University had already started. Professor John Freccero was lecturing on Dante's Inferno in the auditorium of Casa Italiana Zerilli-Marimò. We set up a TV in the grand hall, and as the students were coming out of the class, they learned about the attack and saw the terrifying images we have all become too familiar with.

Casa Italiana and the World Trade Center are a couple of miles apart, and the Twin Towers were the only buildings we could see from our idyllic garden. A few of my colleagues and I saw the towers collapse from our southern terrace like a house of cards. The internet and phone lines were down. Only the old payphone in the basement was working. In short order, a long line of people covered in ashes lined up to use it to let their families know they were alive.

Twenty years after the event, Casa Italiana has embraced the proposal of the Fondazione Fulvio Roiter to host an exhibit of photographs taken by Roiter a few years before the attacks. They are a homage and a memento, but they are first and foremost a hymn to New York, with its ever-changing beauty, unique resilience, and extraordinary ability to rise after each fall.

Looking at New York through the piercing eye of Fulvio Roiter will make you fall in love with New York City even more and will make you feel energized during this time of rebirth for the city and for the world.

Stefano Albertini

Director, Casa Italiana Zerilli-Marimò
New York University

Nel 1984, in viaggio negli Stati Uniti, Fulvio Roiter, uno dei fotografi italiani più noti del Novecento, decise di scoprire New York con uno sguardo infallibile, come lo descrisse l'amico Indro Montanelli: "Credo sia questa mostruosa, animalesca facoltà di concentrare tutte le forze intellettive nell'occhio a fare di Roiter il numero uno della fotografia mondiale". Roiter rimase colpito soprattutto dalla maestosità del World Trade Center. Nelle dimensioni relativamente contenute di Manhattan, un'isola al pari di Venezia – la città amata e casa di elezione di Roiter – le Torri Gemelle avevano stregato il fotografo con i loro spazi impressionanti e le loro architetture vertiginose. Affascinato da questi aspetti, tornò a fotografare la città in varie occasioni, l'ultima volta alla fine del 1998.

In seguito al successo internazionale della pubblicazione *Essere Venezia* (1977), che ha venduto oltre settecentomila copie, Roiter ebbe l'idea di ripetere la stessa operazione nella Grande Mela, lavorando sul progetto di concerto con una casa editrice. Mancava poco alla pubblicazione del volume quando accadde la tragedia dell'11 settembre. Il progetto fu immediatamente abbandonato per rispetto delle vittime e delle loro famiglie.

A distanza di vent'anni dall'evento, la Fondazione Fulvio Roiter ha fortemente desiderato ricordare questo lavoro e la straordinaria sensibilità dell'occhio di Roiter, scomparso nel 2016. Siamo pertanto molto lieti di partecipare alla mostra "Fulvio Roiter: High-Rise New York" presso la Casa Italiana Zerilli-Marimò della New York University, con il sostegno dell'Istituto Italiano di Cultura di New York e il patrocinio del Consolato Generale d'Italia a New York. Il nostro riconoscimento e la nostra gratitudine vanno a coloro che hanno reso possibile tale iniziativa, condotta con tenacia, passione e generosità in circostanze particolarmente ardue dovute alla pandemia globale. Un ringraziamento sentito alla curatrice Victoria Noel-Johnson; al direttore Stefano Albertini e Kostja Kostic di Casa Italiana Zerilli-Marimò; al direttore dell'Istituto Italiano di Cultura di New York, Fabio Finotti; a Fabrizio Di Michele, console generale d'Italia di New York; a Giulia Brugnoletti e Elena Vismara, di Macchine Effimere, a Luca Mariani di Il Colore, a Marco Innominati di Spedart; e Massimo Vitta Zelman e Alessandro Degnoni, rispettivamente presidente e co-direttore generale di Skira.

Jessica Roiter
Presidente della Fondazione Fulvio Roiter

Fulvio Roiter, one of the most renowned Italian photographers of the twentieth century, first decided to explore New York during a 1984 trip to the US. He approached the city with a flawless gaze. As described by his friend Indro Montanelli, "I believe that [it is] this monstrous, animalesque ability to concentrate all of the eye's intellectual forces [in such a way] that makes Roiter number one in terms of world photography." Roiter was, above all, struck by the World Trade Center's magnificence. With the relative smallness of Manhattan, an island roughly the size of Venice—Roiter's beloved city and adopted home—the Twin Towers enchanted the photographer with their impressive spaces and vertiginous architecture. Fascinated by this, he returned to photograph the city on various occasions, with his last visit taking place in late 1998.

Following on from the international success of Roiter's Essere Venezia *(1977), which sold more than 700,000 copies, he came up with the idea of doing something similar with the Big Apple. With a publisher at the ready, the photographer began work on the volume. It was in the final stages of production when the tragic events of September 11, 2011 unfolded. The publication was immediately halted and archived out of respect for the victims and their families.*

Twenty years on since 9/11 took place, Fondazione Fulvio Roiter wished to commemorate this body of work and the extraordinary sensibility of Roiter, who passed away in 2016. We are, therefore, greatly honored to be able to participate in the present exhibition Fulvio Roiter: High-Rise New York *at Casa Italiana Zerilli-Marimò of New York University, with the support of the Istituto Italiano di Cultura of New York and under the auspices of Consulate General of Italy in New York. Our profound appreciation and gratitude go to all those that have worked hard on this project in order to make it happen, their collective tenacity, passion and generosity ensuring the feasibility of both the exhibition and the present volume in particularly trying circumstances caused by the Covid-19 global pandemic. To this end, we extend our sincere thanks to the curator Victoria Noel-Johnson; the Director Stefano Albertini and Kostja Kostic of Casa Italiana Zerilli-Marimò; the Director Fabio Finotti of the Istituto Italiano di Cultura of New York; the Consul General of Italy in New York Fabrizio Di Michele; Giulia Brugnoletti and Elena Vismara of Le Macchine Effimere; Luca Mariani of Il Colore, Marco Innominati of Spedart; and President Massimo Vitta Zelman and General Co-director Alessandro Degnoni of Skira.*

Jessica Roiter
President of Fondazione Fulvio Roiter

Contents / Sommario

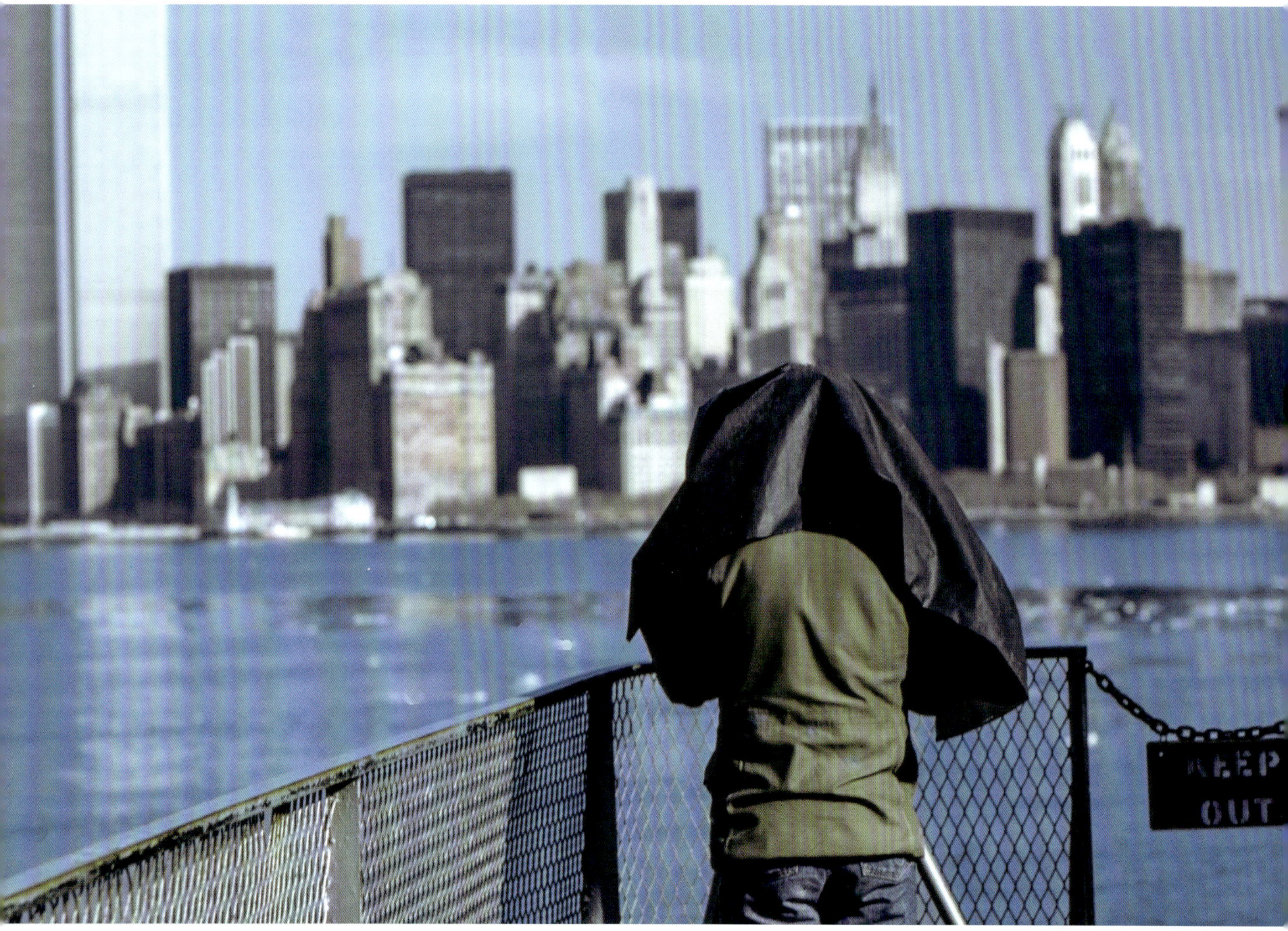

Untitled, February 1984, New York
| *Senza titolo*, febbraio 1984, New York

Fulvio Roiter: High-Rise New York

Victoria Noel-Johnson

Beauty, Strength, Resilience and Hope

....

Organized to mark the 20th anniversary of September 11, 2001, the exhibition and present volume entitled *Fulvio Roiter: High-Rise New York* celebrates the city and people of New York. Consisting of 61 color photographs taken over the course of 1984–1998 by the internationally-acclaimed Italian photographer Fulvio Roiter (Meolo 1926 – Venice 2016), they collectively capture such aforementioned traits and qualities—beauty, strength, resilience and hope—with a sense of poignant immediacy and timeless elegance. They recall a New York that once was, its instantly recognizable skyline irreparably and arbitrarily altered by events that took place just a few years thereafter. *Fulvio Roiter: High-Rise New York* is not, however, a nostalgic nod to that past. As New York emerges from yet another life-changing event caused by the Covid-19 international pandemic, Roiter's intimate portrait of New York and its inhabitants stands as a stoic reminder of life after death, of light after darkness.

Carefully-selected from a large body of work produced by Roiter during several trips to New York (1984, 1996, 1997, and 1998), these photographs seek to strike a balance between the arresting urban beauty of architectural details and city panoramas (including those of the World Trade Center complex, Brooklyn Bridge, the Statue of Liberty, and Manhattan's memorable skylines) and the rich diversity of New Yorkers themselves, the gift of hindsight transforming seemingly mundane actions into acutely thought-provoking scenes. A girl sitting cross-legged in the park with outstretched arms, her pose imitating that of an airplane, with the Twin Towers in view directly before her, is particularly moving: an image of carefree youth and innocent play. Equally poignant are Roiter's photographs of two young men looking up in wonder at the North and South Towers (1 World Trade Center and 2 World Trade Center respectively), as well as various commuters routinely going to and from work via the Brooklyn Bridge. The backdrop of New York's instantly-recognizable skyline accompanies them on their daily commute, one that was presumed immutable in terms of select architectural silhouettes. Roiter, however, succeeds in piercing our consciousness, in forcing us to look with fresh eyes and question that which we thought we knew and long held sacrosanct and inviolable. "They say that habit destroys the eye: you live in a place and end up not seeing it anymore", he once asserted. "Perhaps this is the case, but not for me: I am saved by emotions—because I am still capable of being moved—and [also] by curiosity."

The photographs reproduced here are not chronologically-ordered according to traditional parameters, but rather offer an image of New York City over a 24-hour period, key historical events such as the immigration surge of the late nineteenth century, the 9/11 attacks and the Covid-19 pandemic subtly woven into the volume's poetic narrative with sensitivity and respect. Bearing witness to the dawn of a new day, the selection begins with Roiter's extraordinary photograph of the Statue of Liberty with the Twin Towers seen in the far distance. Recognized as a world symbol of the USA's ideals of liberty and peace, the Statue of Liberty greeted millions of immigrants as they arrived into America by ship in hope of a brighter future. The powerful vision of resilience and freedom personified by the Roman goddess of Libertas and her raised arm with torch punching the sky whilst holding a *tabula ansata* inscribed with July 4, 1776 (the date of the US Declaration of Independence) leaves an indelible mark, particularly following the events of September 11 when those very ideals were directly attacked.

After passing the Statue of Liberty by water (boat, ship or ferry), we catch sight of the bustling city that lies ahead. Roiter's expansive views of a spectacular-looking Manhattan—the high-rise urban jungle that never sleeps yet facilitates dreams—produce feelings of both awe and trepidation. Similar feelings would have presumibly been experienced by the 12 million immigrants who arrived into the Port of New York and New Jersey between 1892–1954, the world's busiest port by 1910. The majority of those immigrants chose to settle there and make New York their home, its open embrace of nationalities, races and religions making it one of the most ethnically-diverse and religiously-varied cities on the planet. Indeed it is thought to have more Jews than Tel Aviv, more Italians than Naples, more Irish than Dublin and more Puerto Ricans than San Juan.

Upon setting foot in the city, we encounter a series of single and group portraits of New Yorkers themselves. Roiter's talent at capturing the intimacy of everyday scenes is indisputable. Unfiltered and all-encompassing, they portray morning joggers, daily commuters, workers, bankers, couples, locals relaxing in Central Park, as well as tourists visiting the World Trade Center. This section is followed by numerous photographs that focus on the grandeur of the Twin Towers and their immediate surroundings, the Financial District of Lower Manhattan. Based on the quantity of photographs taken, it is clear that Roiter nurtured a strong interest in the extraordinary beauty of the buildings' architectural details, crystalline reflections and modern Gothic-like windows that recall those found in Venice, his adopted home. Select images prove particularly moving in light of 9/11 and the Covid-19 pandemic, such as the soaring black 'pyramids' that are habitually associated with burial monuments, or solitary, isolated figures that occupy empty architectural spaces.

The concluding set of photographs depict New York as the day draws to an end. Commuters can be seen walking or driving home in heavily-congested rush-hour traffic. Daylight slowly makes way to dusk, before finally surrendering to night. Day-time reflections cast from shiny skyscraper surfaces are gradually replaced by the internal lighting and external illumination of offices, flickering streetlights and glistening reflections in the surrounding water dance to the rhythm of rippled movement. Millions of bright artificial "stars" now decorate the Manhattan skyline, their nocturnal transiency eventually giving way to the approaching dawn of a new day.

Roiter's decision to explore New York, *in primis* Manhattan, was motivated by both professional and personal choices. Having made a name for himself in Italy and abroad following the publication of numerous photographic "picture" books of cities and countries throughout the world (over 70 publications carry his name), together with the international success of *Essere Venezia* (Magnus: Udine, 1977), which was published in four languages and sold over 700,000 copies, Roiter felt compelled to capture the allure of New York and its inhabitants. He later recalled: "I realised that none of my New York colleagues had done something similar for their city. I thought it right to fill the void. New York and Venice, [two cities that stand] opposed in their concept of living, [but] actually live by the same magic, [with their] being made of bridges and water" (2011).

Born in the Venetian province of Meolo (located 30 kilometers from the city of Venice), Venice became Roiter's home for many years, serving as his preferred subject matter for an extended period. His celebrated photographs of everyday life of the 1950s, 1960s and 1970s, which hail from the school of Neorealism but did not adhere to the dictates of its social vision, quickly became synonymous with the city itself. Alternatively, he chose to distil "the quality of images, their essence, their ability to evoke, to suggest. The photographer's eye conditions everything: apparently insignificant or too familiar subjects are presented, or presented again, in new and captivating sequences; a sort of third eye that sees where others only look. The important thing is to be able to demonstrate the rapidity of the visual decision, a path in which there is never the failing of haste and improvisation. The opportunities are the starting point, almost a pretext, for a rereading of reality" (Roiter, *Viaggio italiano*, Milan: Rizzoli, 1999). Armed with his Rolleicord and Rolleiflex, he sought to "write with light", the play of reflections produced by Venice's sun-lit canals lending themselves perfectly to Roiter's natural disposition as a photographer.

Drawing distinct parallels between the islands of Manhattan and Venice, Roiter sought to replicate his earlier bestseller success of *Essere Venezia*. With a publisher at the ready in 2001, he began to compile his photographs of New York, with his last trip dating to November 1998. He was in the final production stages when the tragic course of events took place on September 11, 2001. Roiter halted production immediately and, out of respect for the victims' families and New Yorkers in general, chose to archive the project for an entire decade. On occasion of the tenth anniversary of 9/11, Roiter proceeded to publish an edited version of the book, with the title *World Trade Center Before* (Limena, Padua: Elmar Libri, September 2011).

Held at Casa Italiana Zerilli-Marimò, in collaboration with Fondazione Fulvio Roiter (Rome), with the support of Istituto Italiano di Cultura of New York and under the auspices of the Consulate General of Italy in New York, the exhibition and present volume *Fulvio Roiter: High-Rise New York* pay homage to the city's uniqueness, extraordinary architecture, as well as the close Italian-American ties that have long-formed an intrinsic part of the city's cosmopolitan fabric. Further to the events of 9/11, the Italian government wished to honor the victims with the memorial *Memoria e Luce* (*Memory and Light*, Padua), which was unveiled on September 11, 2005. It features an imposing vertical structure made of glass and steel with a six-meter-long steel beam of the World Trade Center imbedded into one of the two "open page" walls. It was designed by Daniel Libeskind, the internationally-renowned Polish-American architect, who was originally selected in 2002 to develop a master plan for the rebuilding of the World Trade Center. The steel beam was first exhibited at the American Pavilion of the Venice Biennale (2002), a donation from the City of New York to the Region of Venice, before the latter, together with the nearby city of Padua, pursued the idea of creating a permanent memorial.

Discussing his initial proposal, the architect Libeskind explained: "The light of Liberty shines through the Book of History. This Book is open to the memory of the heroes of September 11, 2001. The eternal affirmation of Freedom is inscribed on the Statue of Liberty, as seen by millions of immigrants coming to America. In the left-hand page, is inscribed the dramatic beam salvaged from the World Trade Centre attack. The latitude of New York is connected to the centre of Padua as the vertical hinge of the Book. The Book is luminous, as is the low and expressive wall which creates an intimate place for meditation. The luminosity of this 'beacon' will be modulated in subtle rhythms. The Book is delicately balanced between the historical buildings of Padua, the bridge, the waterway. The proposal also includes the re-discovery of the historical masonry wall in the creation of a place that is both memorable and uplifting. This special place will glow day and night, and throughout the seasons of the year." Roiter visited the memorial soon after its unveiling, as documented by the photographs illustrated here, a selection of which were also reproduced in *World Trade Center Before* (2011).

The light of Liberty does, indeed, shine through the Book of History. It cannot, however, be rewritten. And yet we can choose to read it again. The present volume's selection of Roiter's photographs that are "written in light" compel us to reject "habit [destroying] the eye", alternatively inviting us to look afresh at New York and reflect upon what it has represented and continues to stand for.

Light is life.

And light is hope.

High-Rise New York.

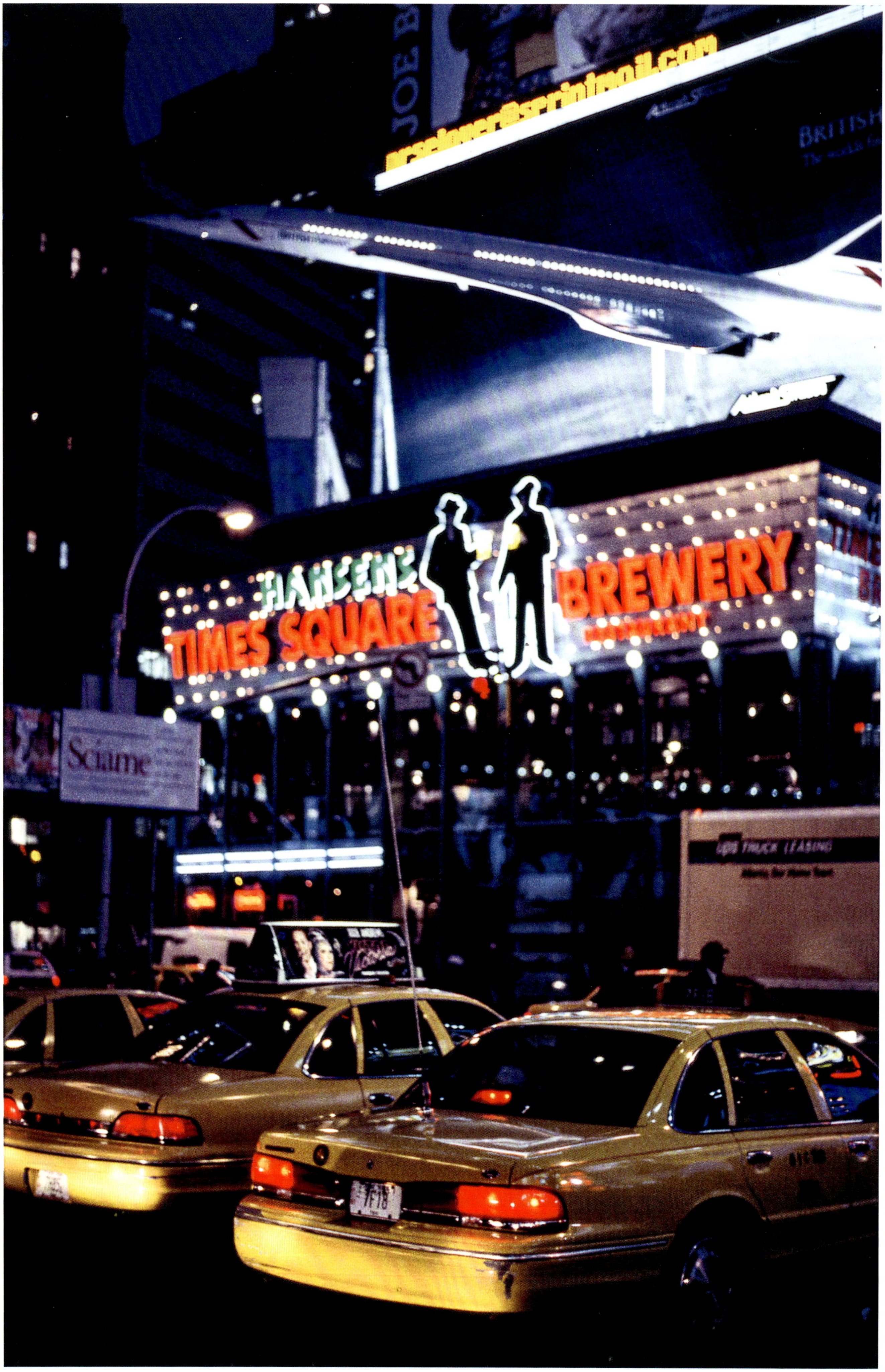

HANSENS
TIMES SQUARE
BREWERY
Sciame

Fulvio Roiter: High-Rise New York

Victoria Noel-Johnson

Bellezza, forza, resilienza e speranza

....

Organizzata per ricordare il ventesimo anniversario degli attentati dell'11 settembre 2001, la mostra "Fulvio Roiter: High-Rise New York" – insieme al presente volume che la accompagna – celebra la città e gli abitanti di New York. Le sessantuno fotografie a colori scattate tra il 1984 e il 1998 dal fotografo italiano di fama internazionale Fulvio Roiter (Meolo, 1926 - Venezia 2016) colgono quei tratti e qualità sopracitati – bellezza, forza, resilienza e speranza – con toccante immediatezza e un'eleganza senza tempo. Esse riportano alla memoria la New York che fu, con l'inconfondibile skyline che da lì a pochi anni sarebbe stato alterato in maniera irrimediabile e arbitraria. E tuttavia "Fulvio Roiter: High-Rise New York" non vuole alludere nostalgicamente a quel passato. Mentre New York emerge da un altro evento sconvolgente, la pandemia mondiale da Covid-19, l'intimo ritratto della città e dei suoi abitanti disegnato dal fotografo veneziano è uno stoico memorandum della vita dopo la morte, della luce dopo il buio.

Accuratamente selezionate da un vasto *corpus* di opere prodotto da Roiter nel corso di diversi viaggi nella Grande Mela (1984, 1996, 1997 e 1998), queste fotografie cercano un equilibrio tra la sensazionale bellezza urbana dei dettagli architettonici e dei panorami della città (tra questi il complesso del World Trade Center, il ponte di Brooklyn, la Statua della Libertà e il memorabile skyline di Manhattan) e la sfaccettata diversità degli stessi newyorkesi. Col senno di poi, gesti apparentemente banali si trasformano in scene che suscitano riflessioni profonde. Particolarmente toccante è lo scatto che ritrae una ragazza seduta a gambe incrociate nel parco con le braccia allargate, la cui posa sembra mimare un aeroplano, direttamente di fronte alle Torri Gemelle: un'immagine di giovanile spensieratezza e voglia innocente di gioco. Non meno intense sono le foto di due giovani che alzano lo sguardo rapito verso le Torri Nord e Sud (rispettivamente 1 World Trade Center e 2 World Trade Center), o quelle di vari pendolari che attraversano ogni giorno il ponte di Brooklyn per recarsi al lavoro. L'iconico skyline sullo sfondo che li accompagnava sempre nel loro tragitto quotidiano era ritenuto in termini di certe forme architettoniche. Roiter riesce tuttavia a penetrare le nostre coscienze, obbligandoci a guardare con occhi nuovi e a mettere in discussione ciò che pensavamo di sapere e consideravamo sacrosanto e inviolabile. "Dicono che l'abitudine distrugga l'occhio: vivi in un luogo e finisci per non vederlo più", ha affermato una volta. "Può darsi, ma non vale per me: mi salvano l'emozione – perché di emozionarmi sono ancora capace – e la curiosità".

Le fotografie riprodotte qui non sono ordinate cronologicamente secondo criteri tradizionali, ma offrono un'immagine della città di New York che si dipana nell'arco di ventiquattr'ore, in una narrazione poetica che intreccia sottilmente eventi chiave come l'ondata migratoria di fine Ottocento, gli attentati dell'11 settembre e la pandemia da Covid-19 con sensibilità e rispetto. Essa si apre con la straordinaria fotografia della Statua della Libertà all'alba di un nuovo giorno con le Torri Gemelle visibili in lontananza. Riconosciuta come un simbolo mondiale degli ideali statunitensi di pace e libertà, la statua ha salutato milioni di immigrati giunti in America per nave nella speranza di un futuro migliore. La potente visione di resilienza personificata dalla dea Libertas, il braccio alzato con la fiaccola puntata verso il cielo e la *tabula ansata* su cui è incisa la data del 4 luglio 1776 (giorno in cui fu firmata la Dichiarazione di Indipendenza degli Stati Uniti), lascia un segno indelebile, in modo particolare dopo gli eventi dell'11 settembre quando quegli stessi ideali furono attaccati frontalmente.

Superata la Statua della Libertà via mare (in barca, nave o traghetto), si apre di fronte a noi la vista della brulicante città di New York. Le ampie vedute di una spettacolare Manhattan – giungla urbana di grattacieli che non dorme mai eppure fa sognare – immortalate da Roiter suscitano sentimenti di stupore e trepidazione. Molto probabilmente anche i dodici milioni di immigrati che tra il 1892-1954 sbarcarono nel porto di New York e New Jersey – nel

On page / *A pagina 20*
Untitled, April 1997, New York /
Senza titolo, aprile 1997, New York

'Memory and Light' Memorial by D. Libeskind, Padua, September 2005 / Monumento commemorativo 'Memoria e luce' di D. Libeskind, Padova, settembre 2005

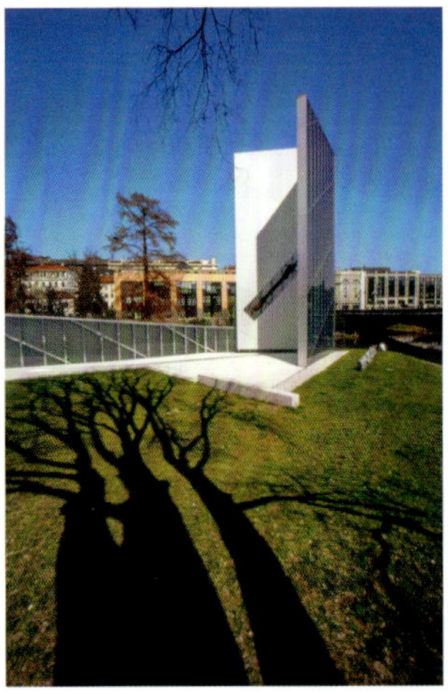

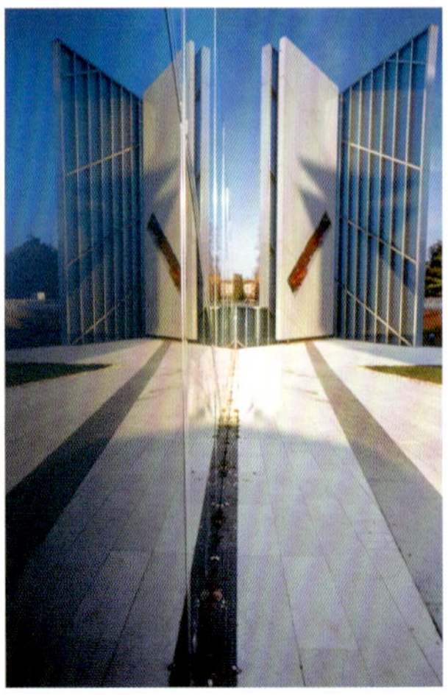

1910 il più trafficato del mondo – provarono una sensazione molto simile. La maggior parte di quelle persone scelse di restare a New York e farne la propria casa, la sua apertura verso nazionalità, razze e religioni diverse, facendosi una delle città più variegate del pianeta dal punto di vista etnico e religioso. Infatti, si dice che qui vivono più ebrei che a Tel Aviv, più italiani che a Napoli, più irlandesi che a Dublino e più portoricani che a San Juan.

Una volta messo piede in città, incontriamo una serie di ritratti singoli e di gruppo dei newyorkesi stessi. Il talento di Roiter nel cogliere l'intimità di scene quotidiane è indiscutibile. Le immagini, senza filtri e avvolgenti, ritraggono jogger mattutini, pendolari, operai, banchieri, coppie, residenti che si rilassano al Central Park e turisti che visitano il World Trade Center. Questa sezione è seguita da numerose fotografie che mettono a fuoco la grandiosità delle Twin Towers e la zona immediatamente circostante del Financial District, a Lower Manhattan. A giudicare dalla quantità di foto scattate, risulta evidente che Roiter era fortemente attratto dalla straordinaria bellezza dei particolari architettonici delle torri, dai loro riflessi cristallini e dalle moderne finestre in stile gotico che evocano quelle di Venezia, sua città adottiva. Alcune delle immagini selezionate – quelle in cui appaiono svettanti "piramidi" scure, generalmente associate a monumenti funebri, o figure solitarie che occupano spazi architettonici vuoti – si rivelano particolarmente toccanti alla luce degli eventi dell'11 settembre e della pandemia da Covid-19.

L'ultimo gruppo di fotografie ritrae New York sul finire del giorno. Pendolari rincasano a piedi o in auto nel traffico congestionato dell'ora di punta. Il chiarore diurno lascia lentamente spazio al crepuscolo, per poi cedere infine alla notte. I riflessi scintillanti proiettati dalle superfici dei grattacieli sono gradualmente sostituiti dalle luci interne e dall'illuminazione esterna degli uffici, dal bagliore tremolante dei lampioni e dai riflessi dell'acqua che danzano al ritmo delle increspature. Adesso lo skyline di Manhattan è decorato da milioni di sfolgoranti "stelle" artificiali, destinate a svanire con l'approssimarsi di un nuovo giorno.

La decisione di esplorare New York, *in primis* Manhattan, era legata per Roiter a scelte di natura professionale e personale. Essendosi fatto un nome in Italia e all'estero come autore di numerosi libri "illustrati" di città e paesi del mondo (sono oltre settanta le pubblicazioni che portano la sua firma), oltre che per il successo internazionale di *Essere Venezia* (Magnus, Udine 1977), pubblicato in quattro lingue e con più di 700.000 copie vendute, Roiter si sentiva in dovere di cogliere il fascino di New York e dei suoi abitanti. Come ricordò in seguito: "Mi ero accorto che nessuno dei miei colleghi newyorkesi aveva fatto qualcosa di simile per la sua città. Mi sembrava giusto riempire un vuoto. New York e Venezia, così opposte nella concezione dell'abitare, vivono infatti della stessa magia, fatta di ponti e di acqua" (2011).

Originario di Meolo, un paesino a una trentina di chilometri da Venezia, Roiter fece di quest'ultima la sua città di elezione per molti anni e la scelse come soggetto per innumerevoli fotografie. I suoi celebri lavori sulla vita quotidiana negli anni cinquanta, sessanta e settanta sono diventati ben presto sinonimo della città stessa. Benché ispirati alla scuola del Neorealismo, essi non aderiscono ai dettami della sua visione sociale. Roiter scelse invece di far leva "sulla qualità delle immagini, sulla loro essenzialità, la loro capacità di coinvolgere, di suggestionare. L'occhio del fotografo condiziona tutto: soggetti apparentemente insignificanti oppure troppo noti vengono proposti o riproposti in sequenze nuove e accattivanti; una specie di terzo occhio che 'vede' dove gli altri solamente osservano. L'importante è poter dimostrare la rapidità della decisione visiva, un tracciato in cui non esiste mai il vizio della fretta e dell'improvvisazione. Le 'occasioni' costituiscono un punto di partenza, quasi un pretesto, per una rilettura del reale" (Roiter, *Viaggio italiano*, Rizzoli, Milano 1999). Armato di una Rolleicord e una Rolleiflex, Roiter cercava di "scrivere con la luce" e il gioco dei riflessi prodotto dai raggi di sole sui canali veneziani si confaceva perfettamente alla sua naturale inclinazione per la fotografia.

Tracciando un evidente parallelo tra l'isola di Manhattan e la città lagunare, Roiter voleva replicare il successo del suo precedente bestseller, *Essere Venezia*. Nel 2001, avendo un editore pronto, cominciò a mettere insieme le sue fotografie di New York, dov'era stato per l'ultima volta nel novembre 1998. Il giorno degli attentati il volume era nelle ultime fasi di produzione. Roiter lo bloccò immediatamente e, in segno di rispetto per le famiglie delle vittime e i newyorkesi in generale, decise di archiviare il progetto per un intero decennio. In occasione del decimo anniversario dell'11 settembre, volle pubblicare una versione rivista del libro, che uscì con il titolo *World Trade Center Before* (Elmar Libri, Limena [PD], settembre 2011).

Ospitata presso la Casa Italiana Zerilli-Marimò, in collaborazione con la Fondazione Fulvio Roiter (Roma), il sostegno dell'Istituto Italiano di Cultura a New York e il patrocinio del Consolato Generale d'Italia a New York, la mostra "Fulvio Roiter: High-Rise New York" corredata dal presente volume rende omaggio all'unicità della città e alla sua straordinaria architettura, come pure agli stretti legami italo-americani che da lungo tempo costituiscono un elemento imprescindibile del suo tessuto cosmopolita. Dopo gli eventi dell'11 settembre, il governo italiano ha voluto onorare le vittime con il monumento *Memoria e Luce* a Padova, svelato nel 2005 nell'anniversario degli attentati. L'imponente struttura verticale in vetro e acciaio che rappresenta un libro aperto; in una delle due pagine è incorporata una trave di sei metri proveniente dal World Trade Center, è stata ideata da Daniel Libeskind, architetto polacco-americano di fama mondiale a cui nel 2002 era stato affidato lo sviluppo di un piano generale per la ricostruzione del World Trade Center. La trave di acciaio, esposta per la prima volta al Padiglione americano della Biennale di Venezia (2002), era stata donata dalla città di New York alla Regione Veneto prima che quest'ultima perseguisse, insieme alla vicina città di Padova, l'idea di creare un memoriale permanente.

Parlando del suo progetto iniziale, l'architetto Libeskind ha spiegato: "La luce della libertà risplende attraverso il Libro della Storia. Questo libro è aperto in memoria degli eroi dell'11 settembre 2001. L'eterna dichiarazione solenne della Libertà è iscritta nella Statua della Libertà, come hanno potuto vedere milioni di immigrati che arrivavano in America. Nella pagina di sinistra è inserita la drammatica trave recuperata dall'attacco al World Trade Center. La latitudine di New York è connessa al centro di Padova come perno verticale del Libro. Il libro è luminoso, come l'espressivo muro sottostante, che crea un luogo intimo di meditazione. La luminosità di questo 'segnale' sarà modulata da un ritmo sottile. Il Libro è delicatamente bilanciato tra gli edifici storici di Padova, il ponte, il canale. La proposta include inoltre il discoprimento delle mura storiche con la creazione di un luogo che sia nello stesso tempo spazio di memoria e di sollievo. Questo speciale luogo brillerà notte e giorno e nel corso di tutte le stagioni dell'anno". Roiter visitò il memoriale subito dopo che venne inaugurato, come documentano le foto qui illustrate, una parte delle quali è stata anche riprodotta nel suo *World Trade Center Before* (2011).

È vero, la luce della Libertà rispende attraverso il Libro della Storia. Che tuttavia non può essere riscritto. Ma noi possiamo scegliere di rileggerlo. Le immagini "scritte nella luce" scelte per il presente volume ci obbligano a respingere l'abitudine che distrugge l'occhio, invitandoci a guardare New York con occhi nuovi e a riflettere su ciò che la città ha rappresentato e continua a rappresentare.

La luce è vita.

E la luce è speranza.

High-Rise New York.

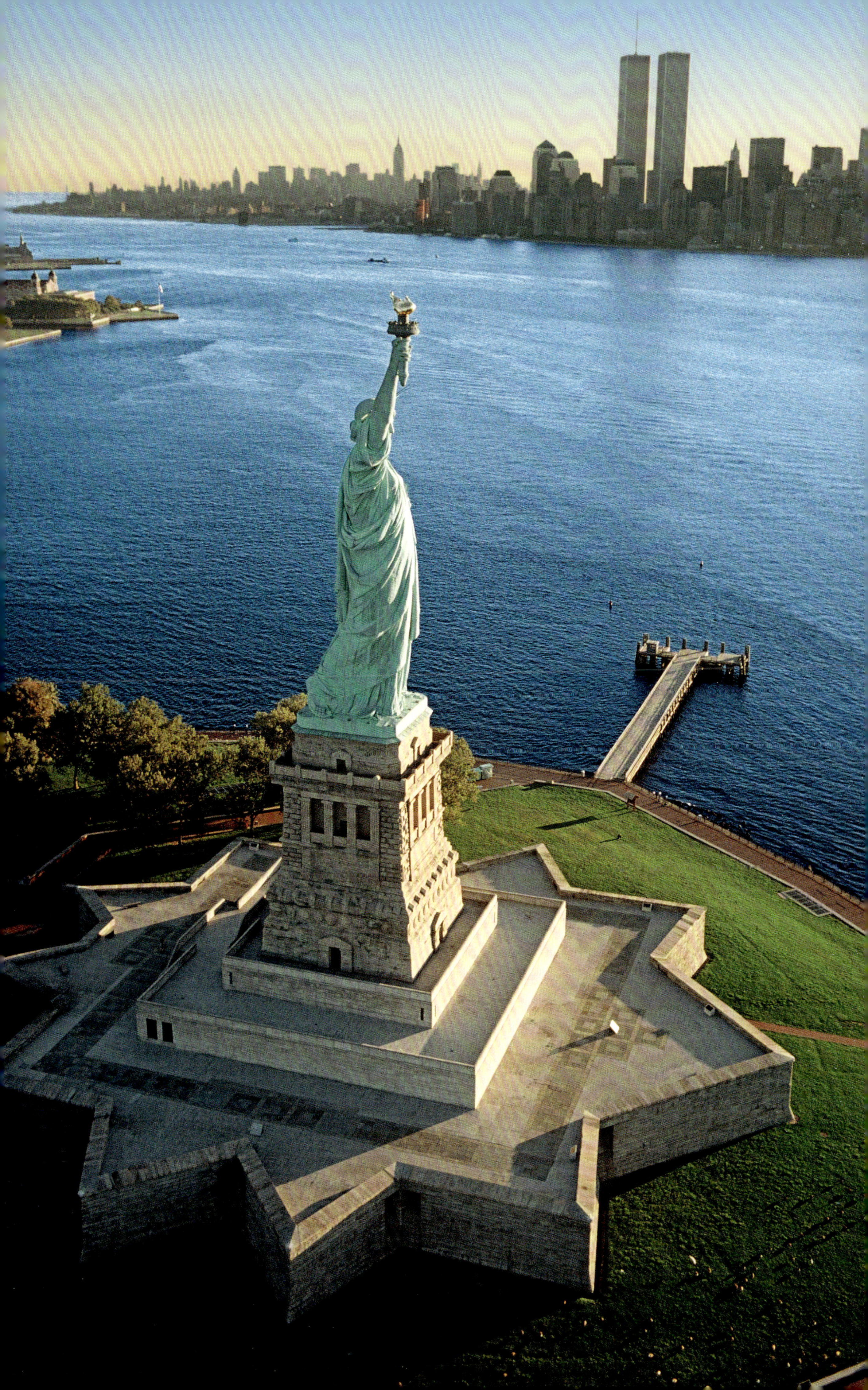

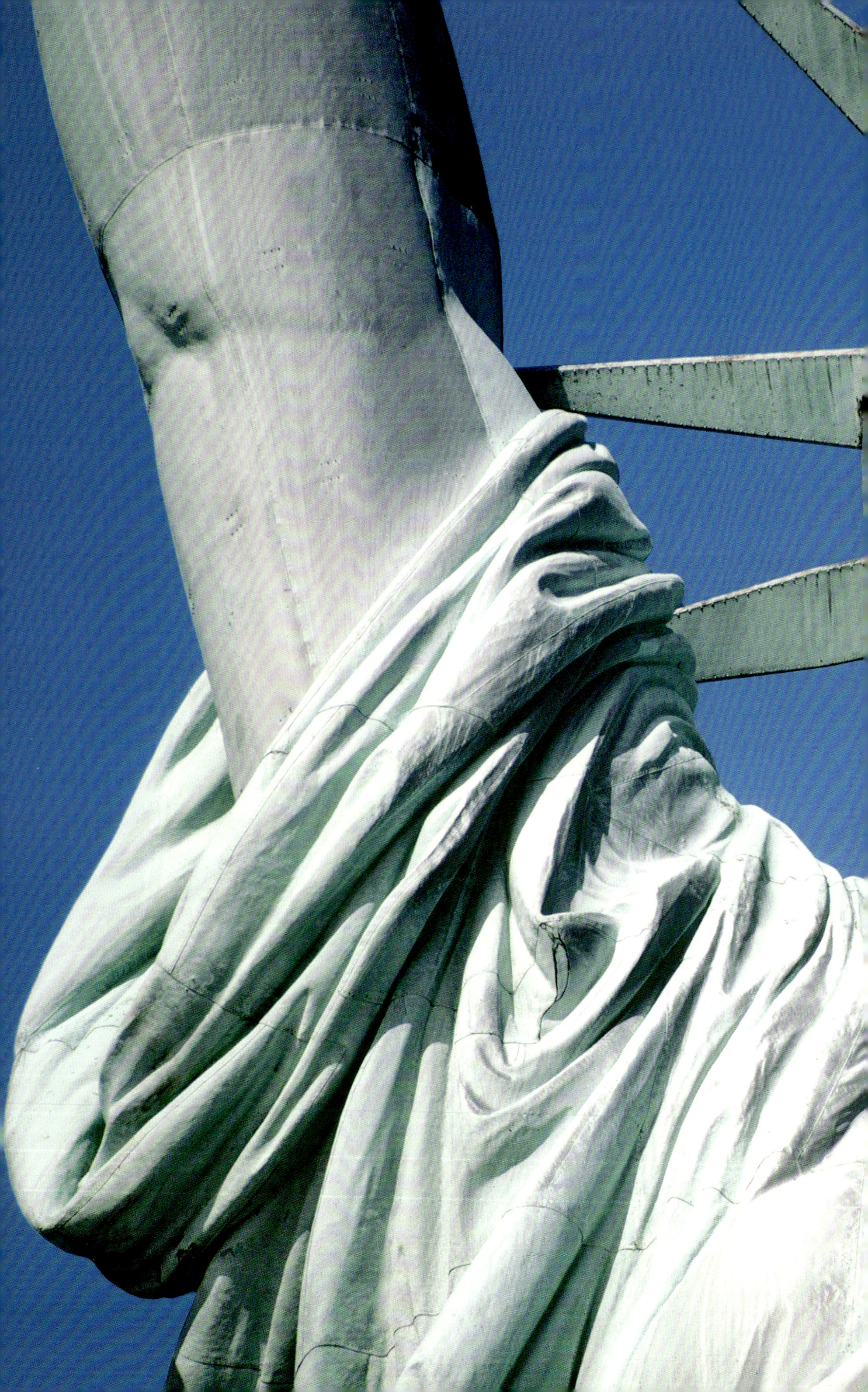

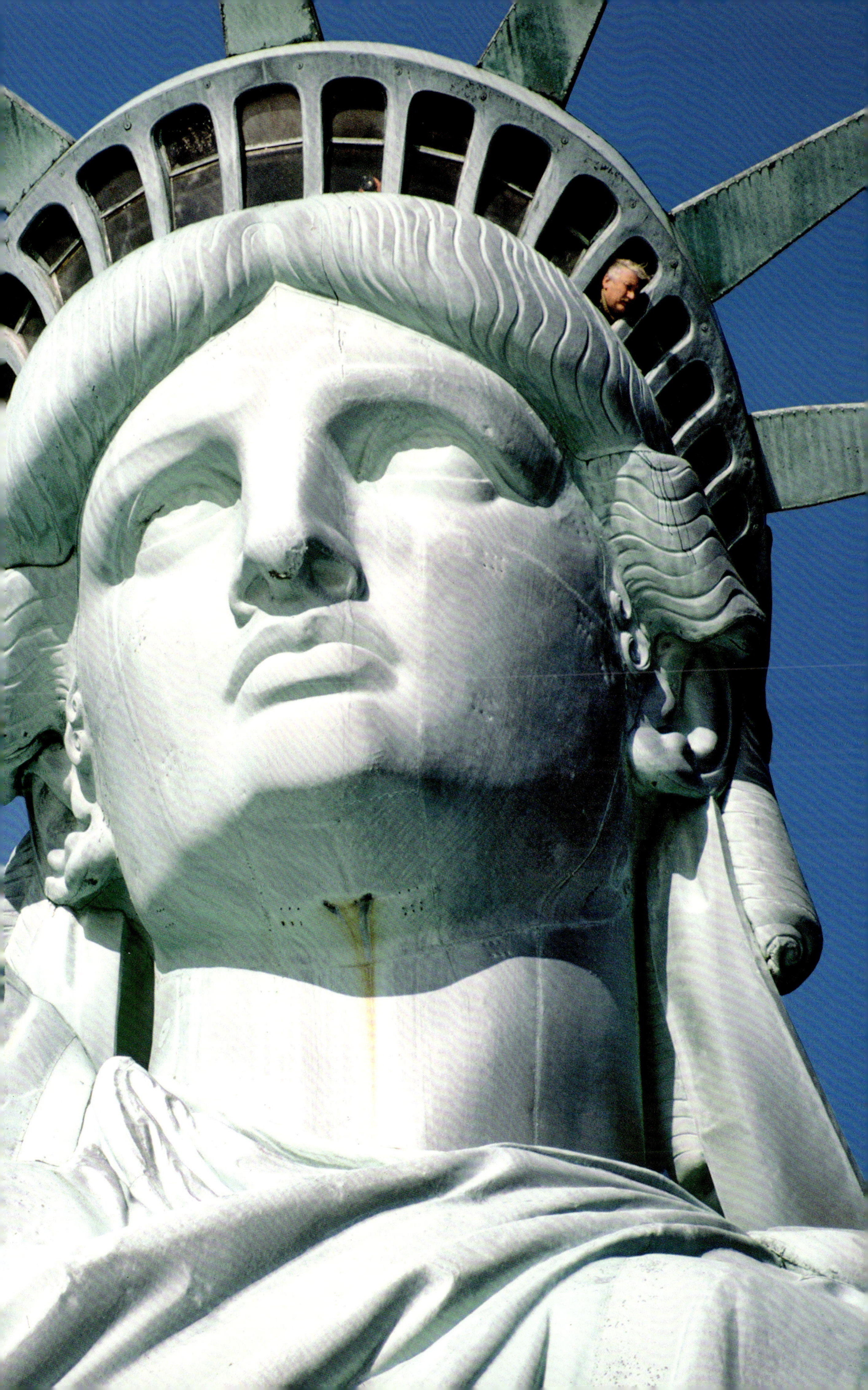

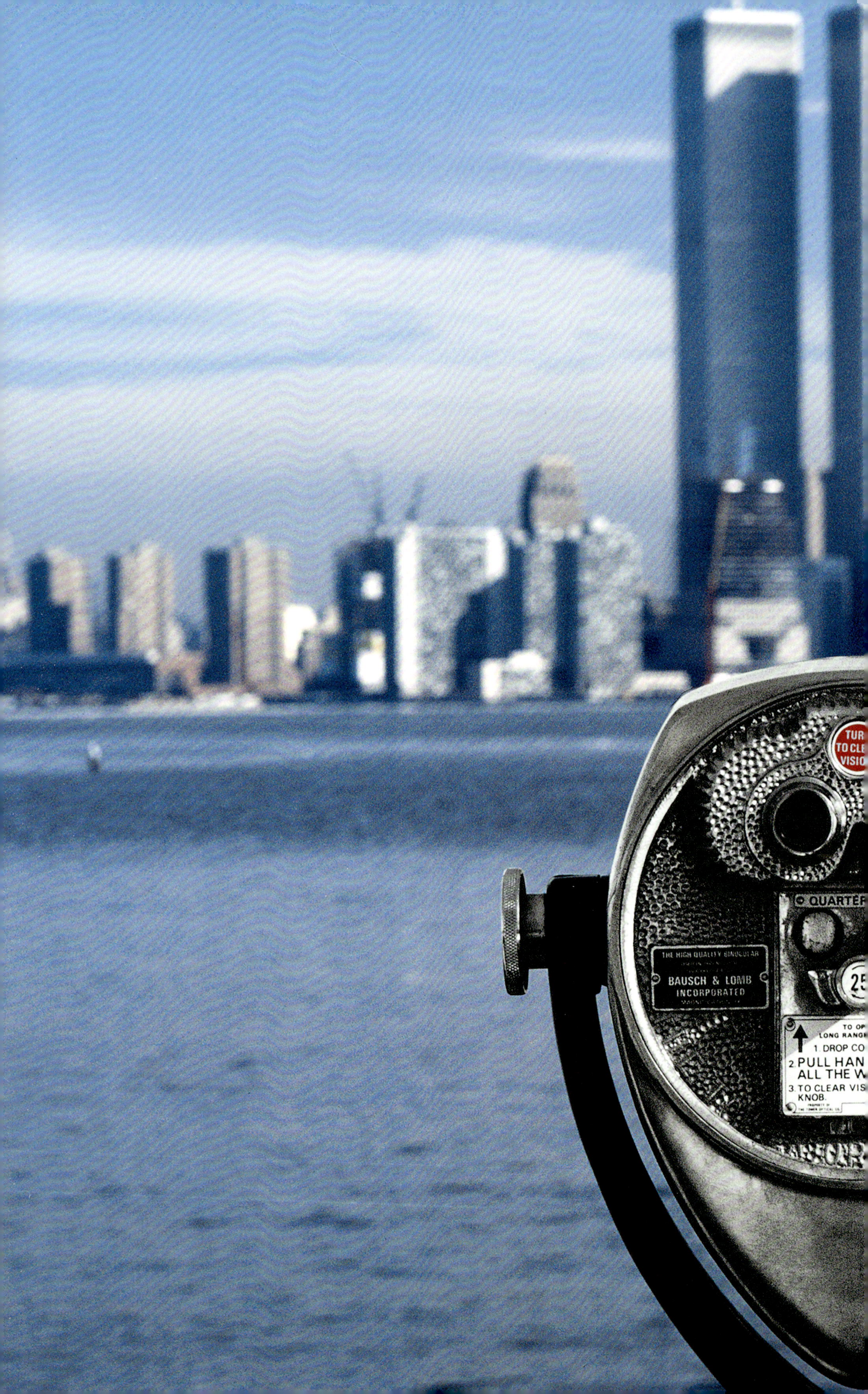
THE HIGH QUALITY BINOCULAR
BAUSCH & LOMB
INCORPORATED

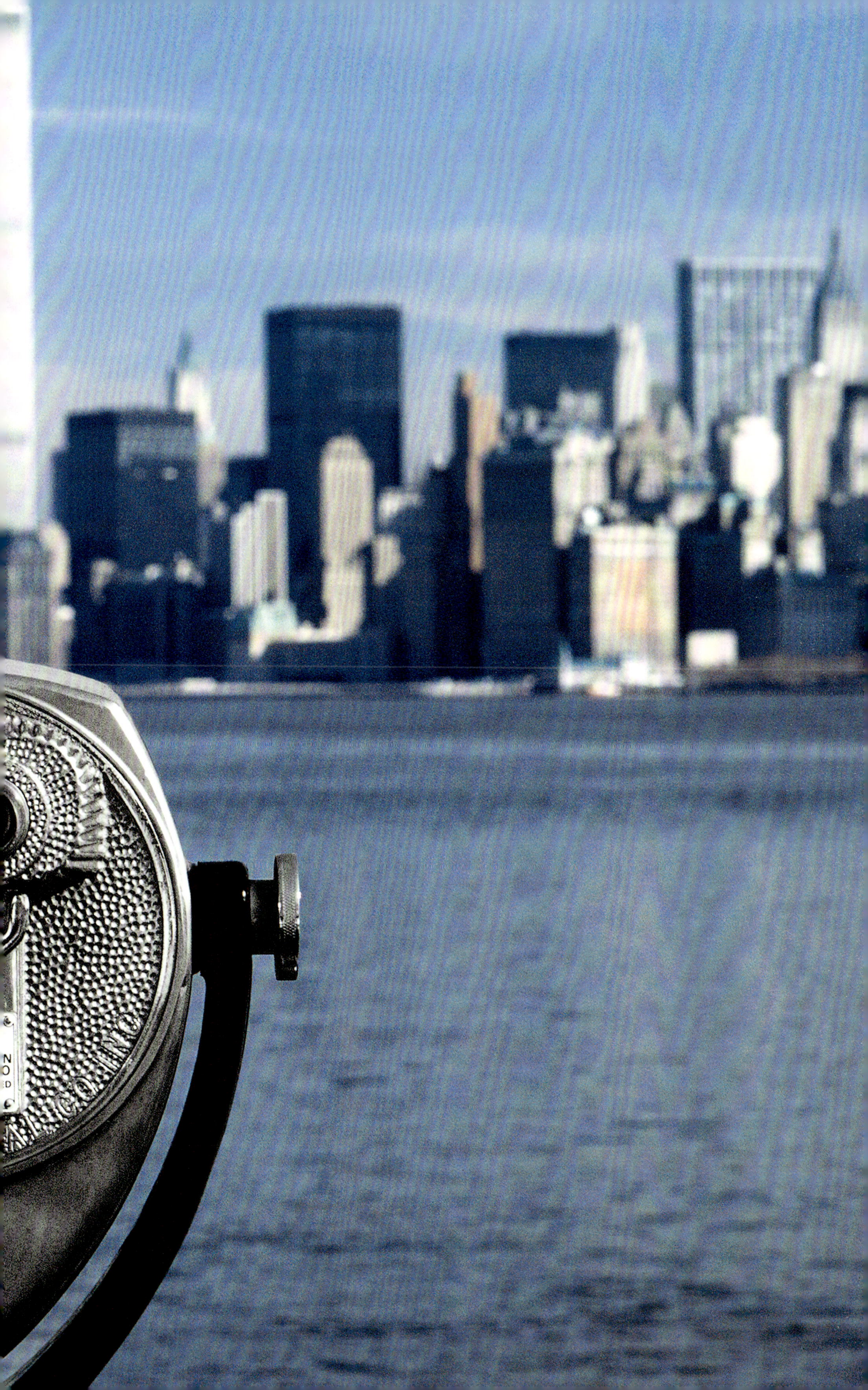

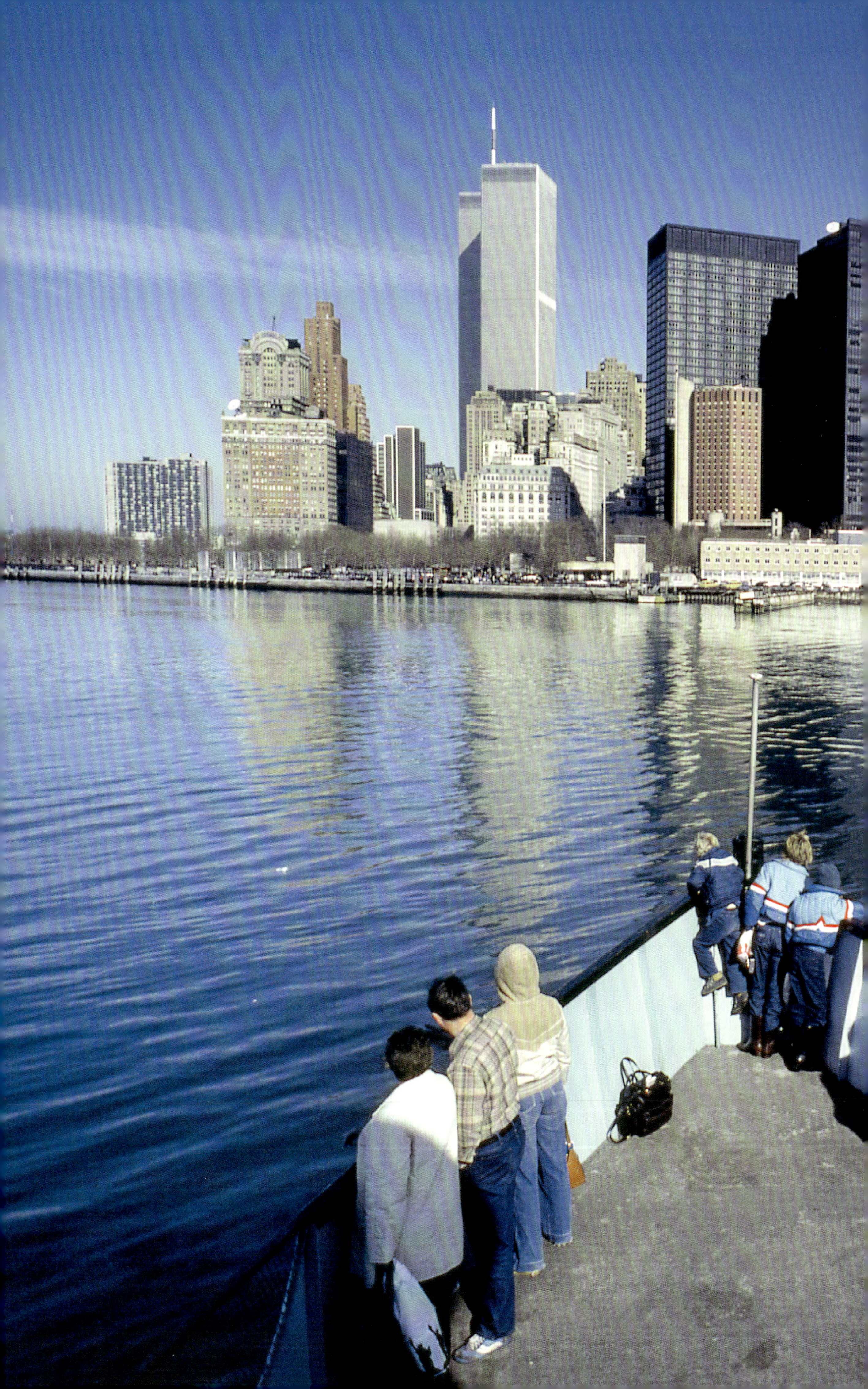

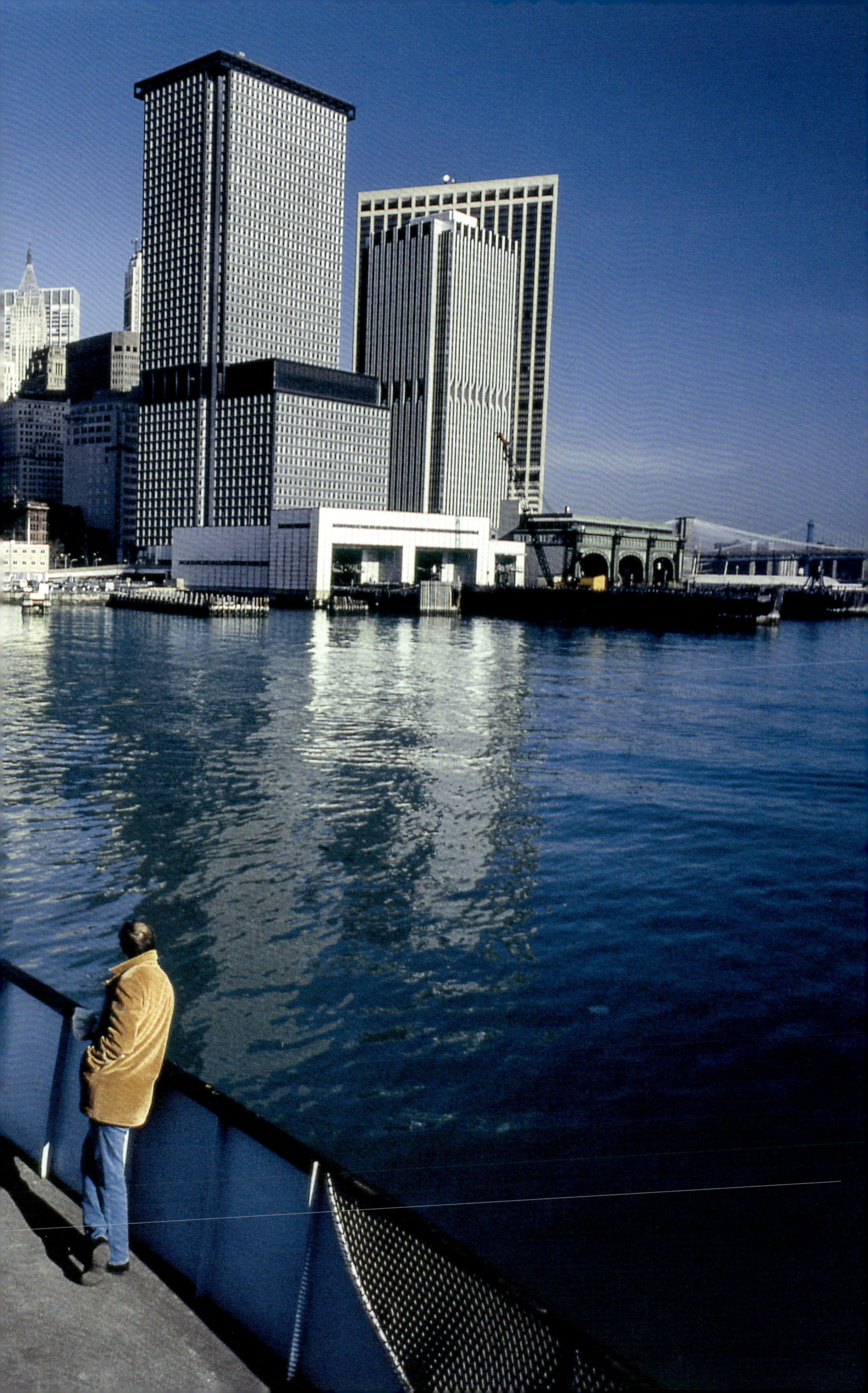

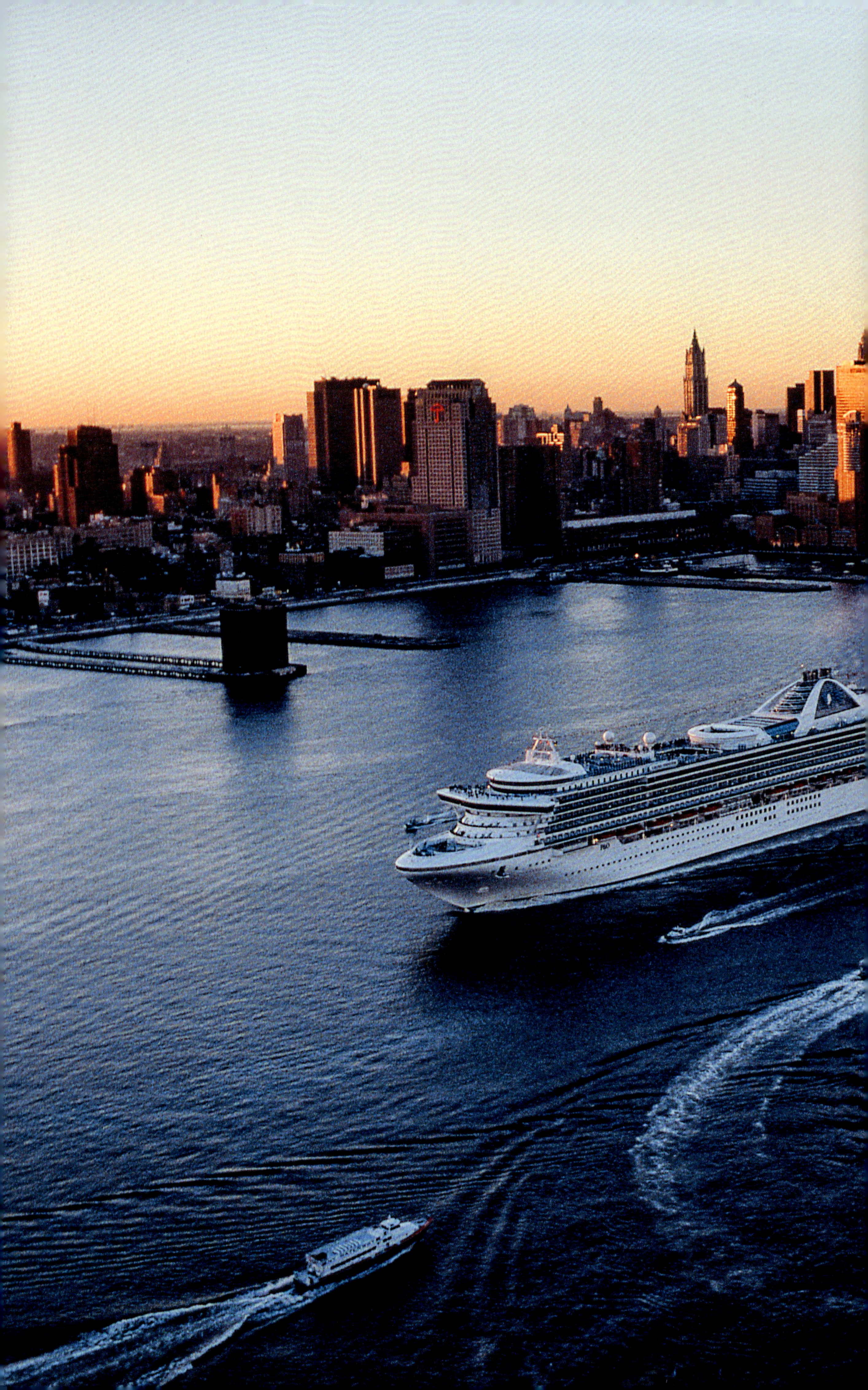

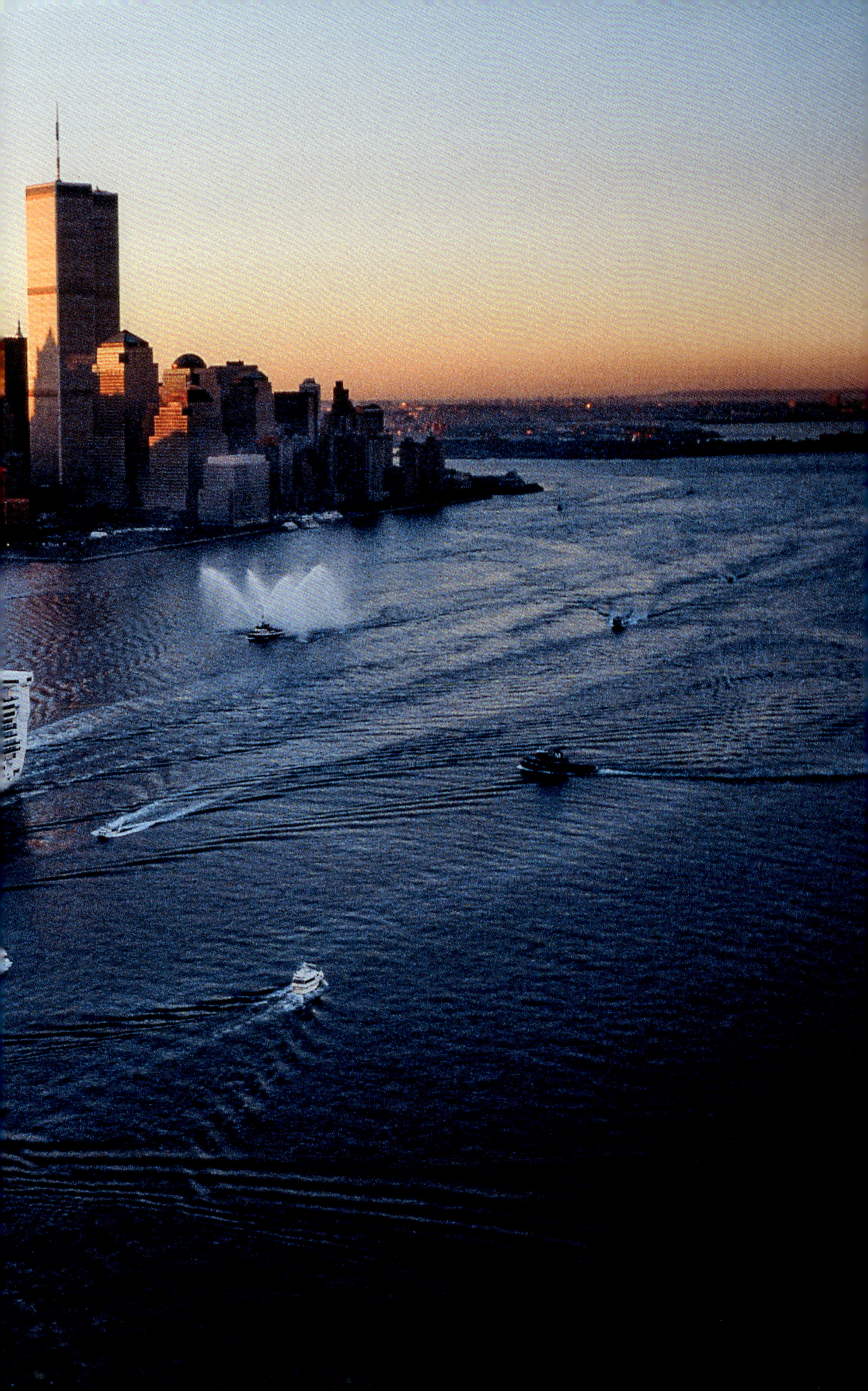

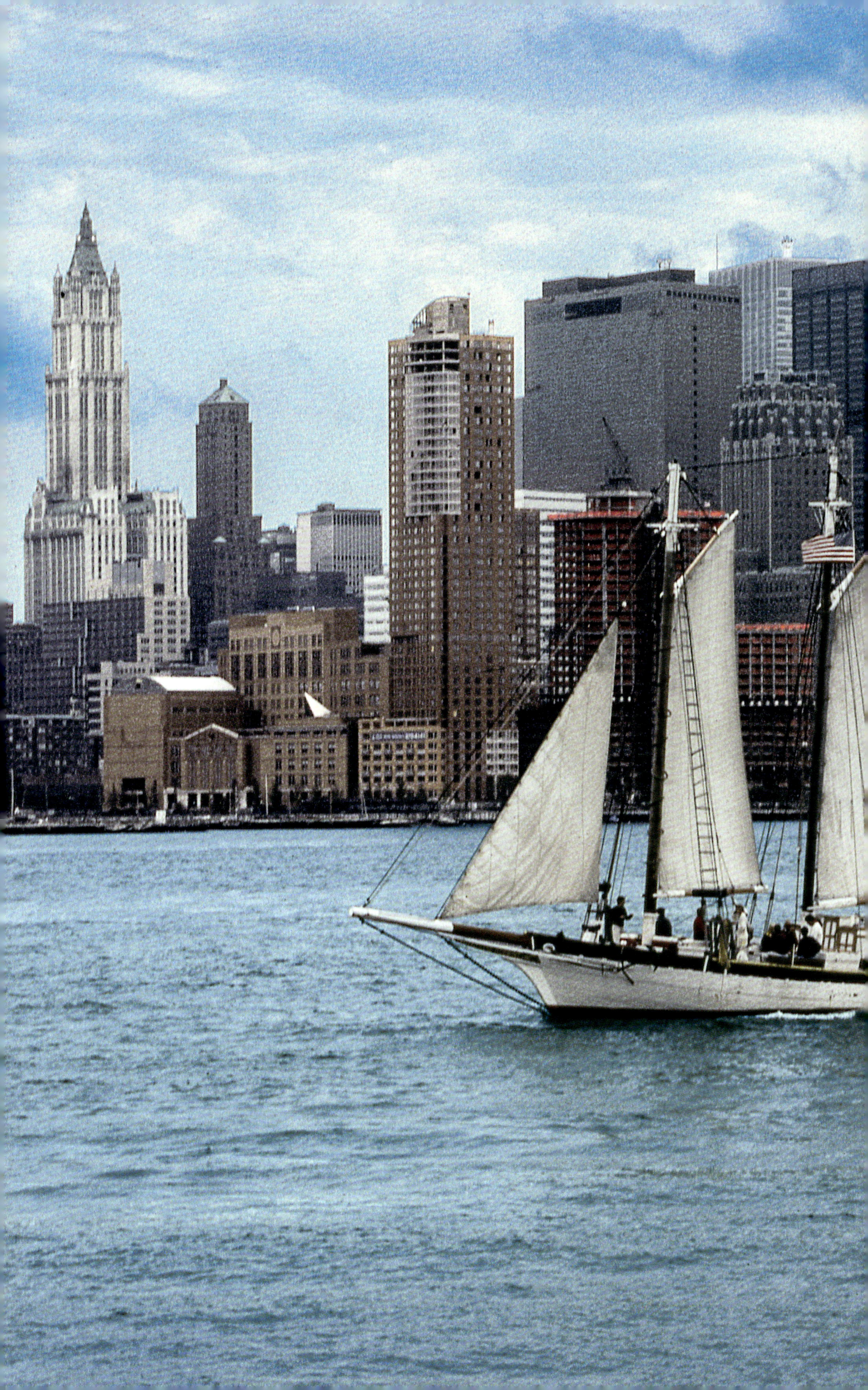

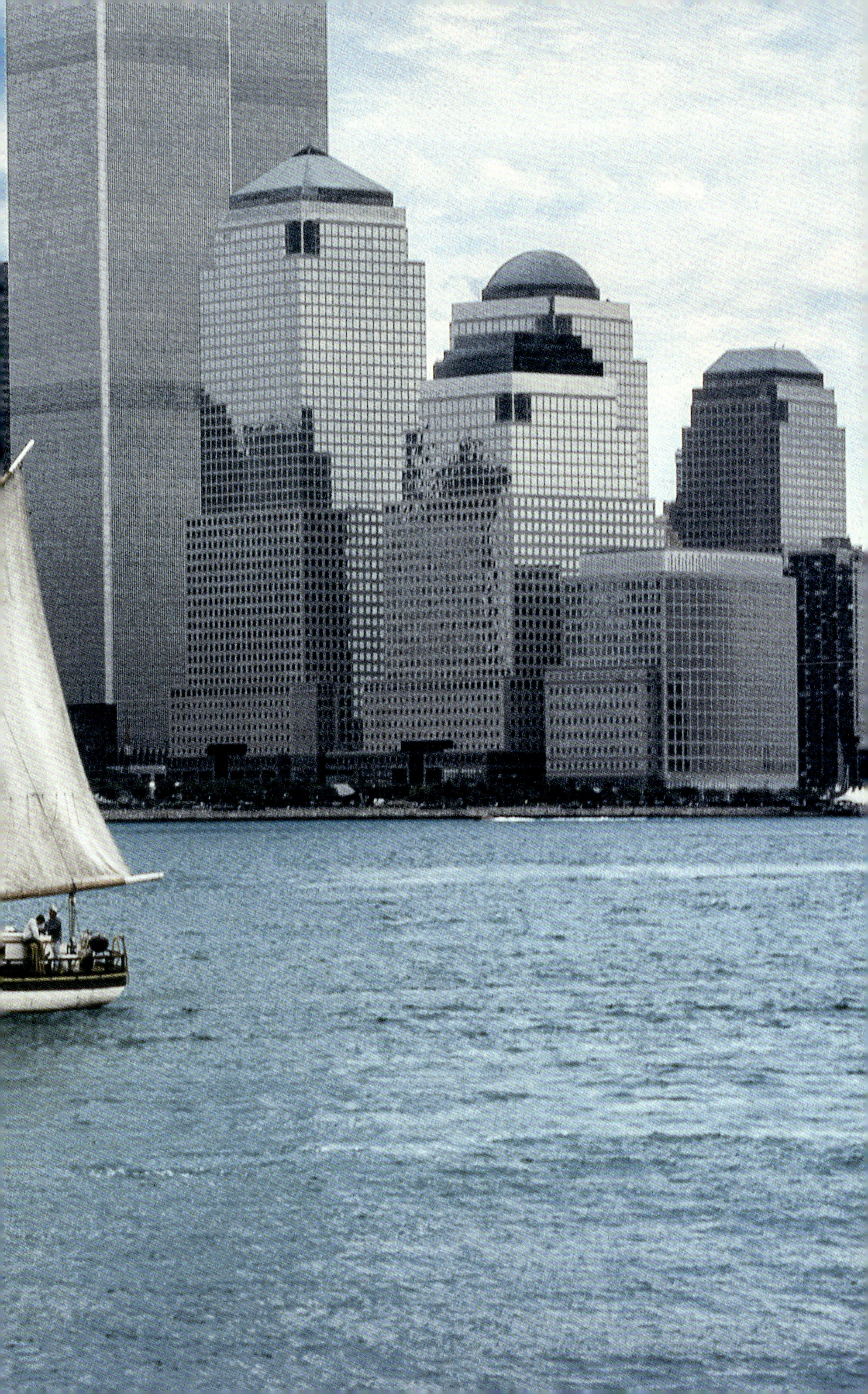

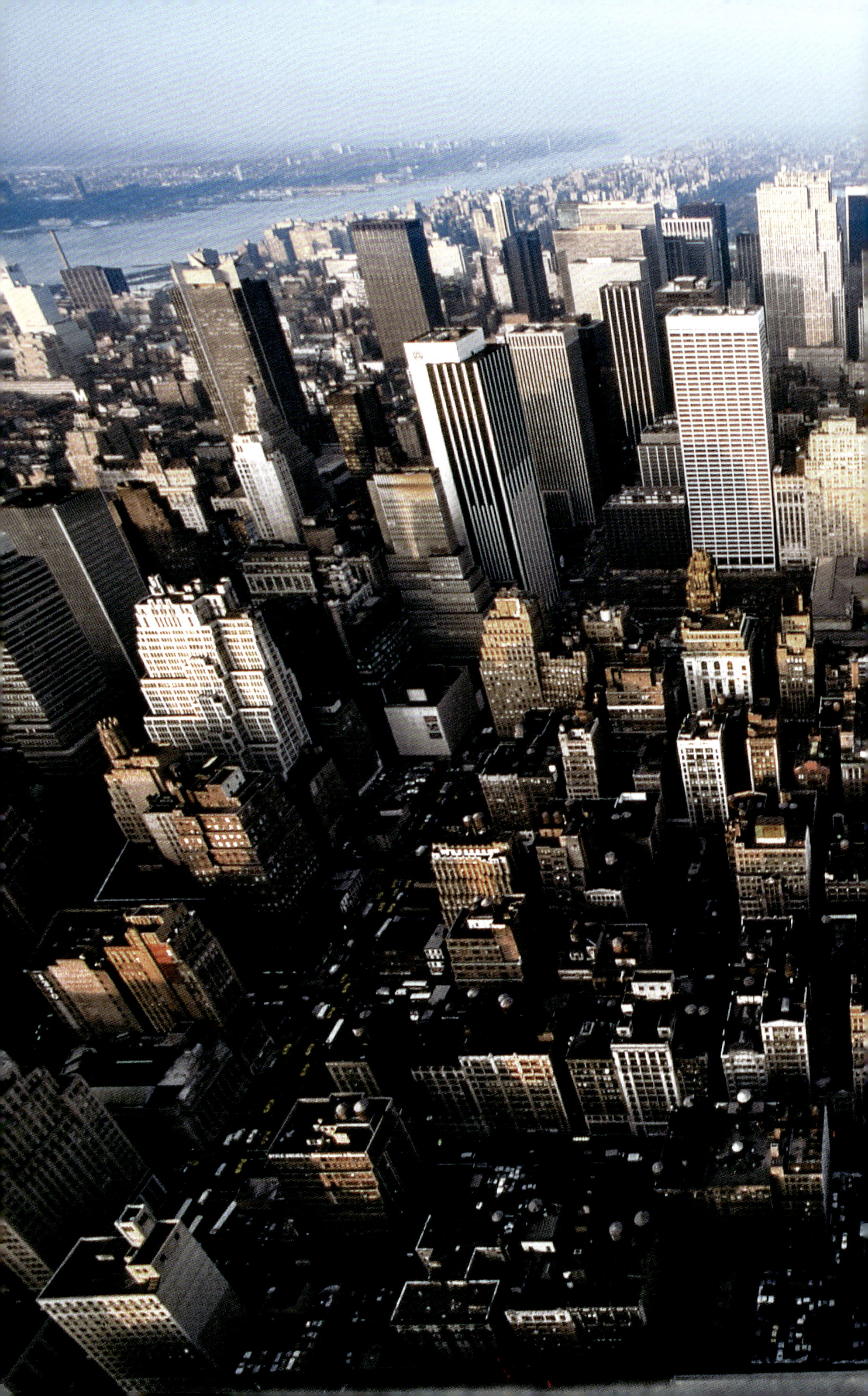

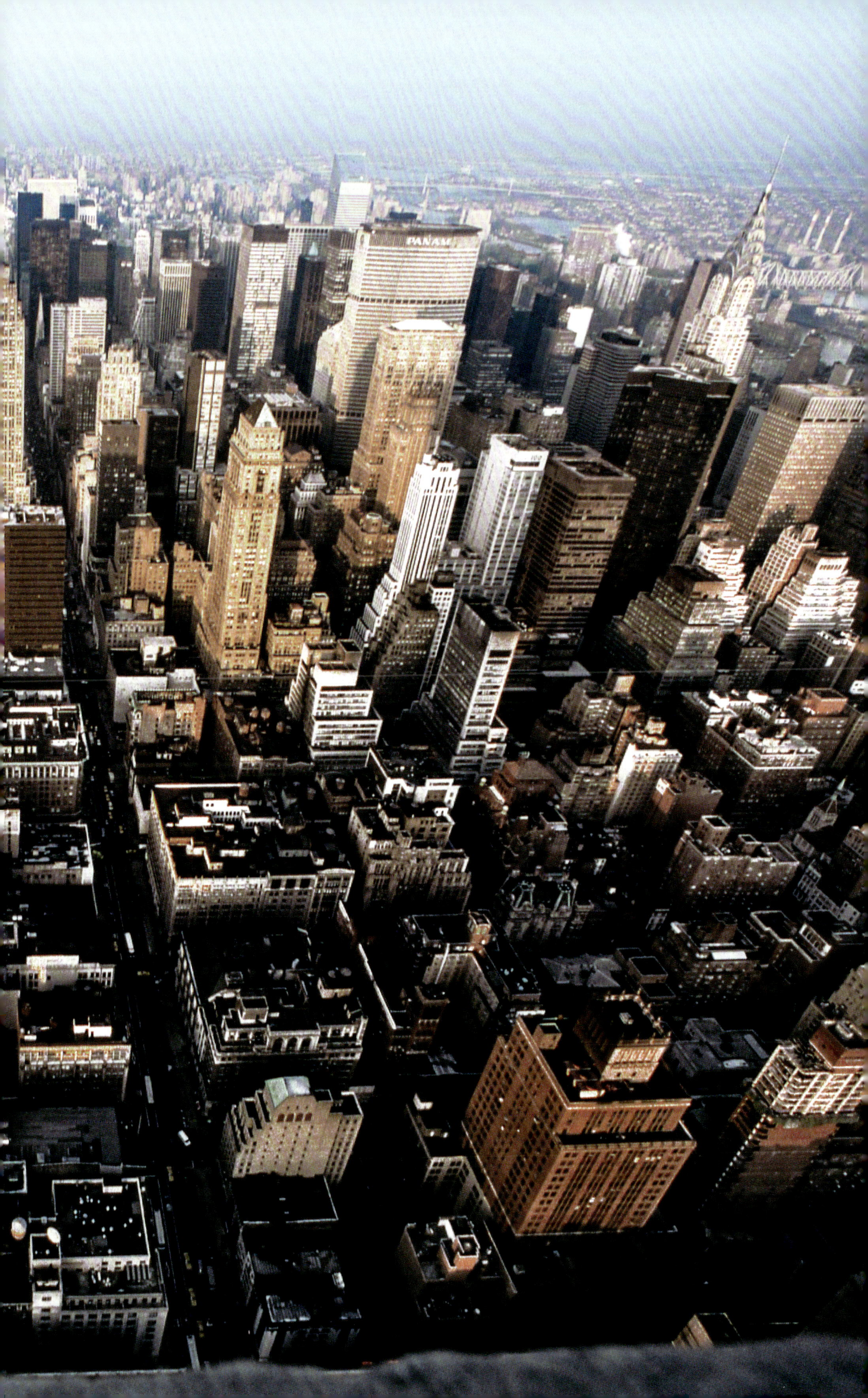
PAN AM

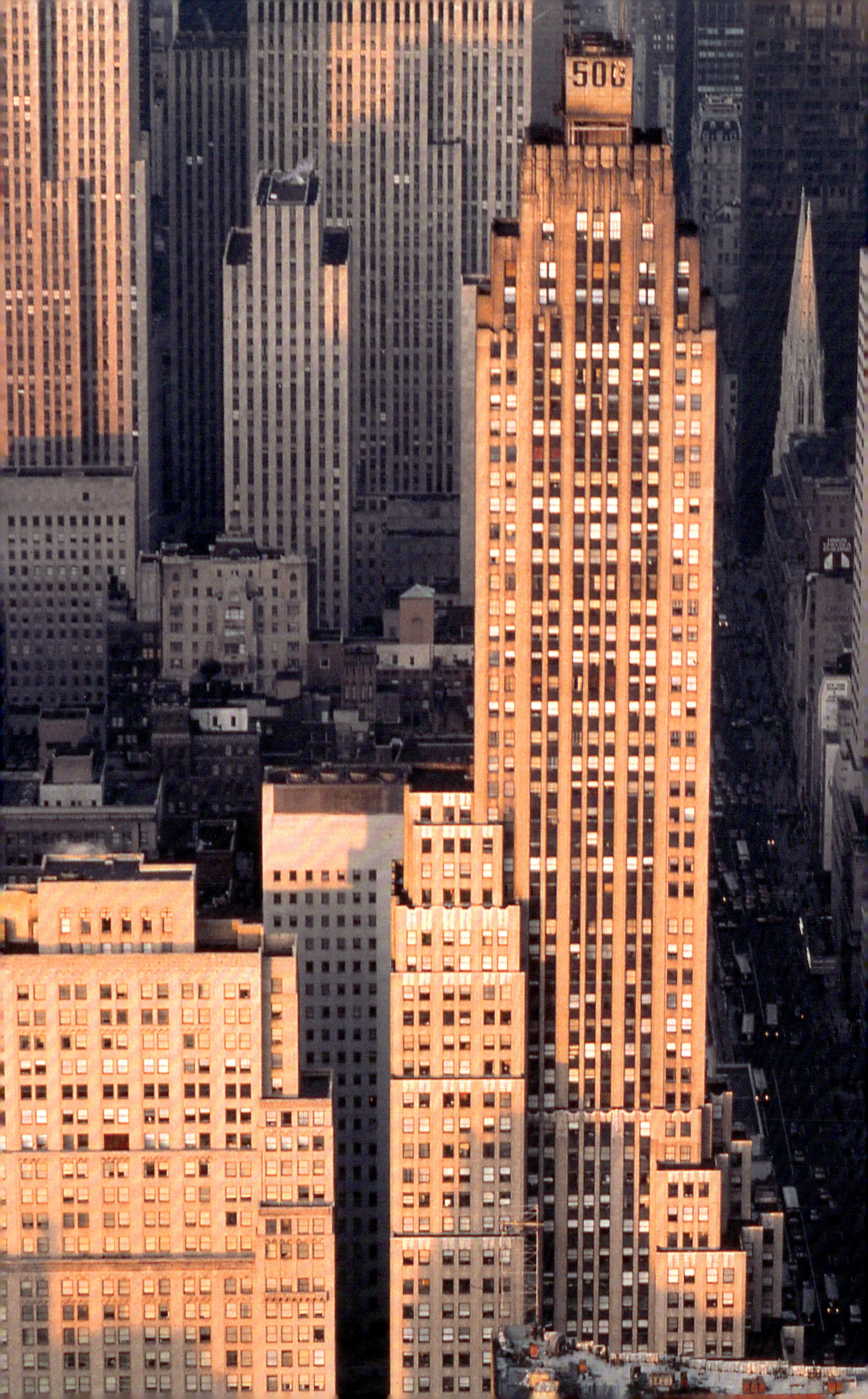
500

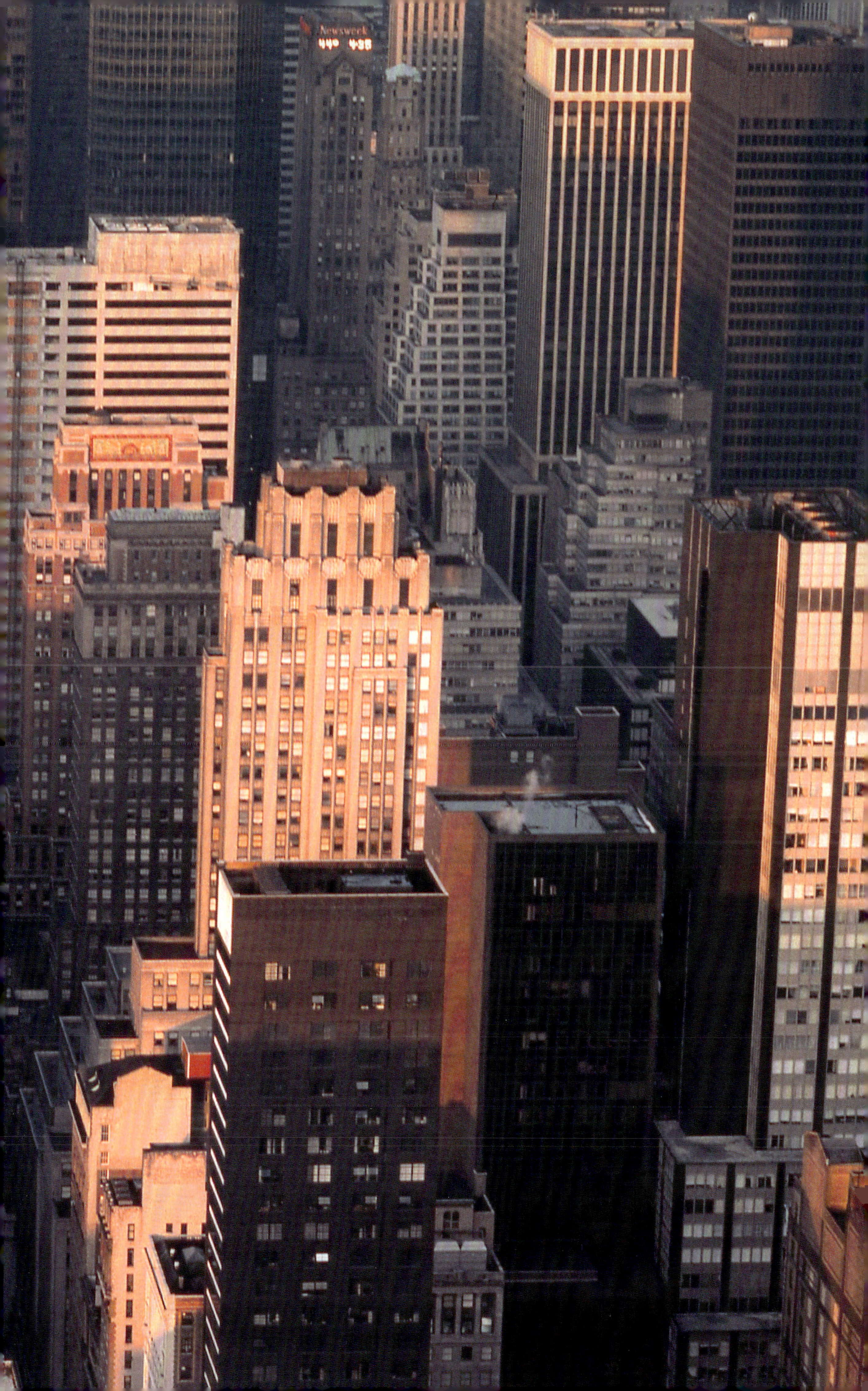
Newsweek

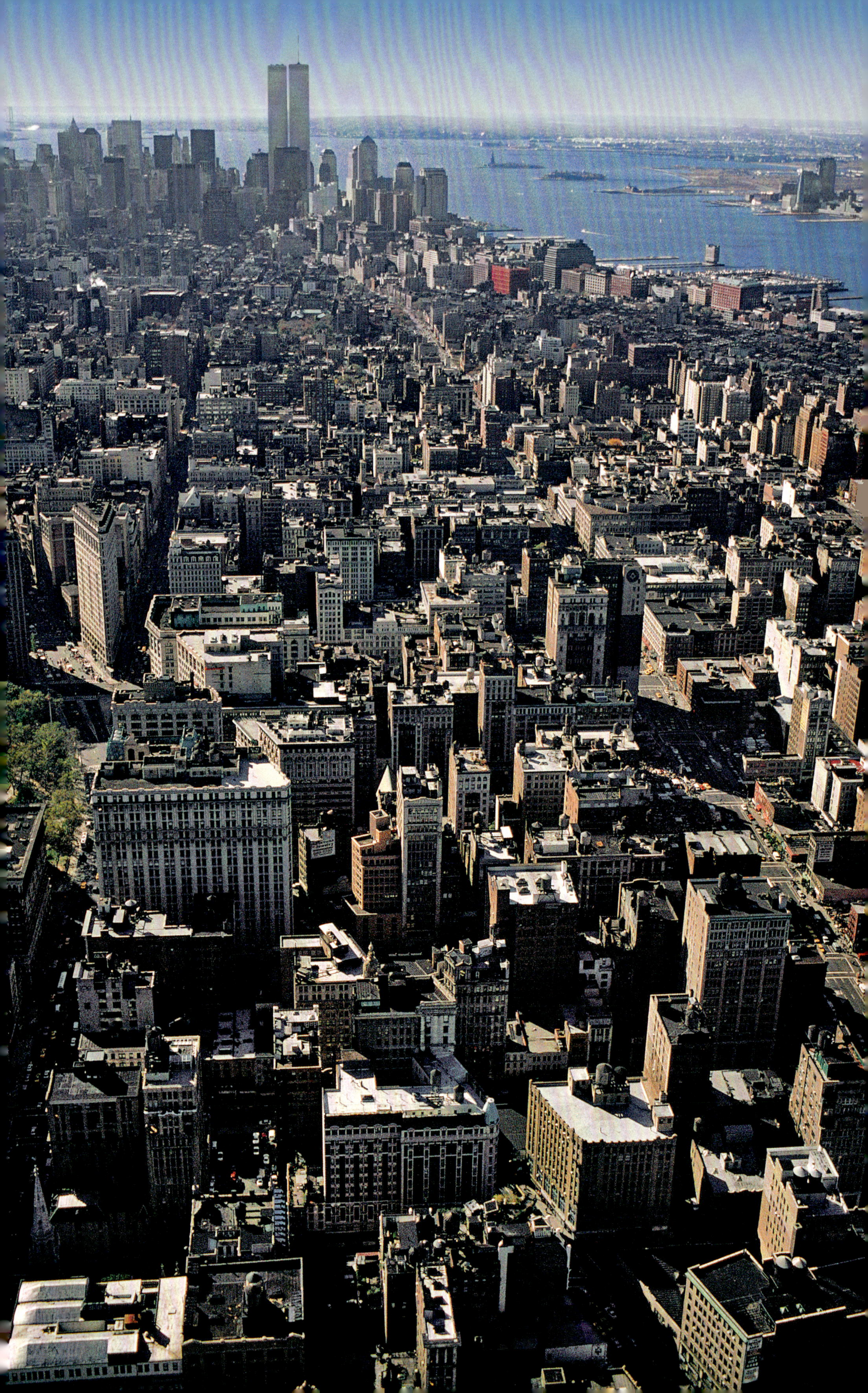

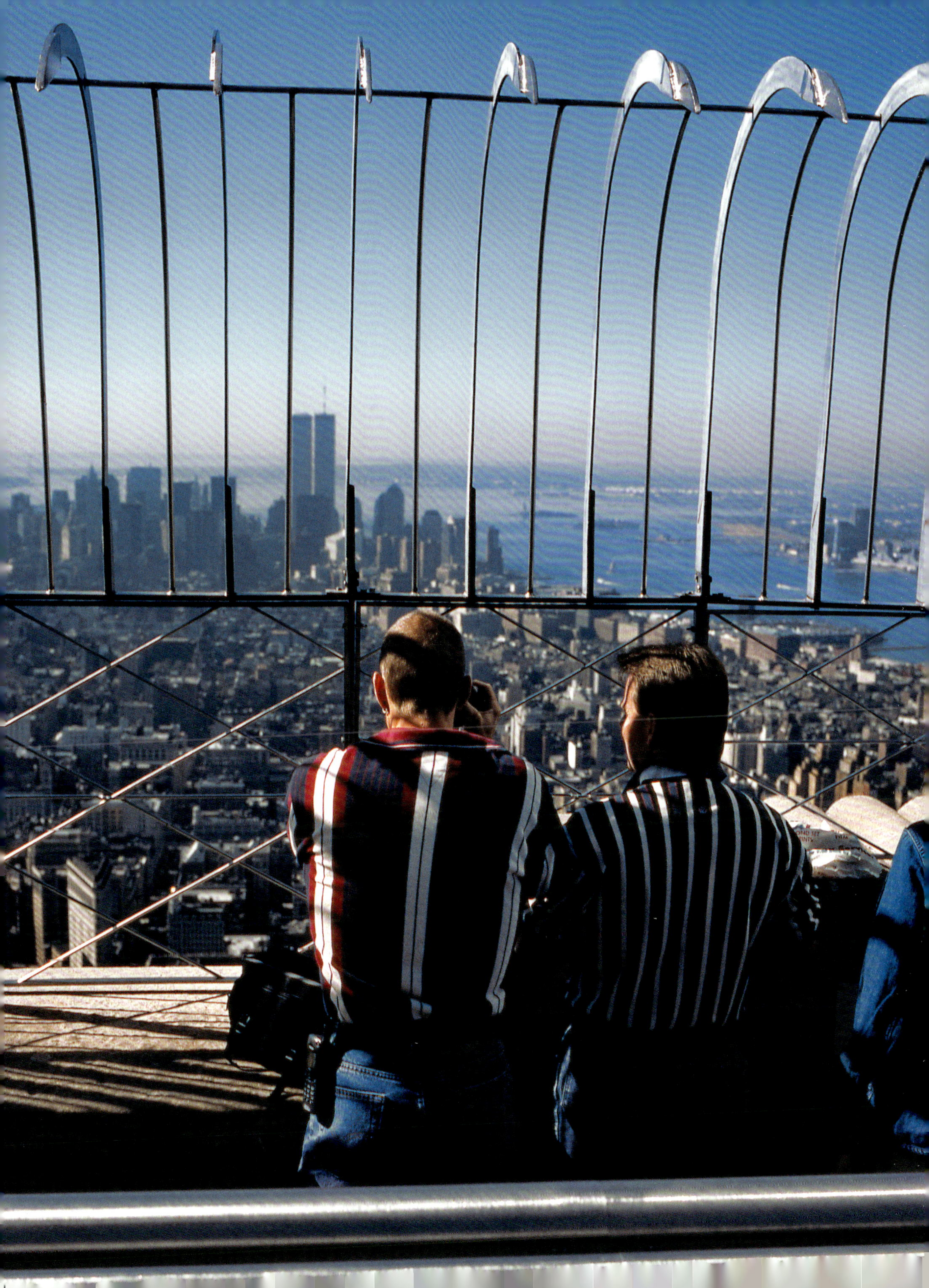

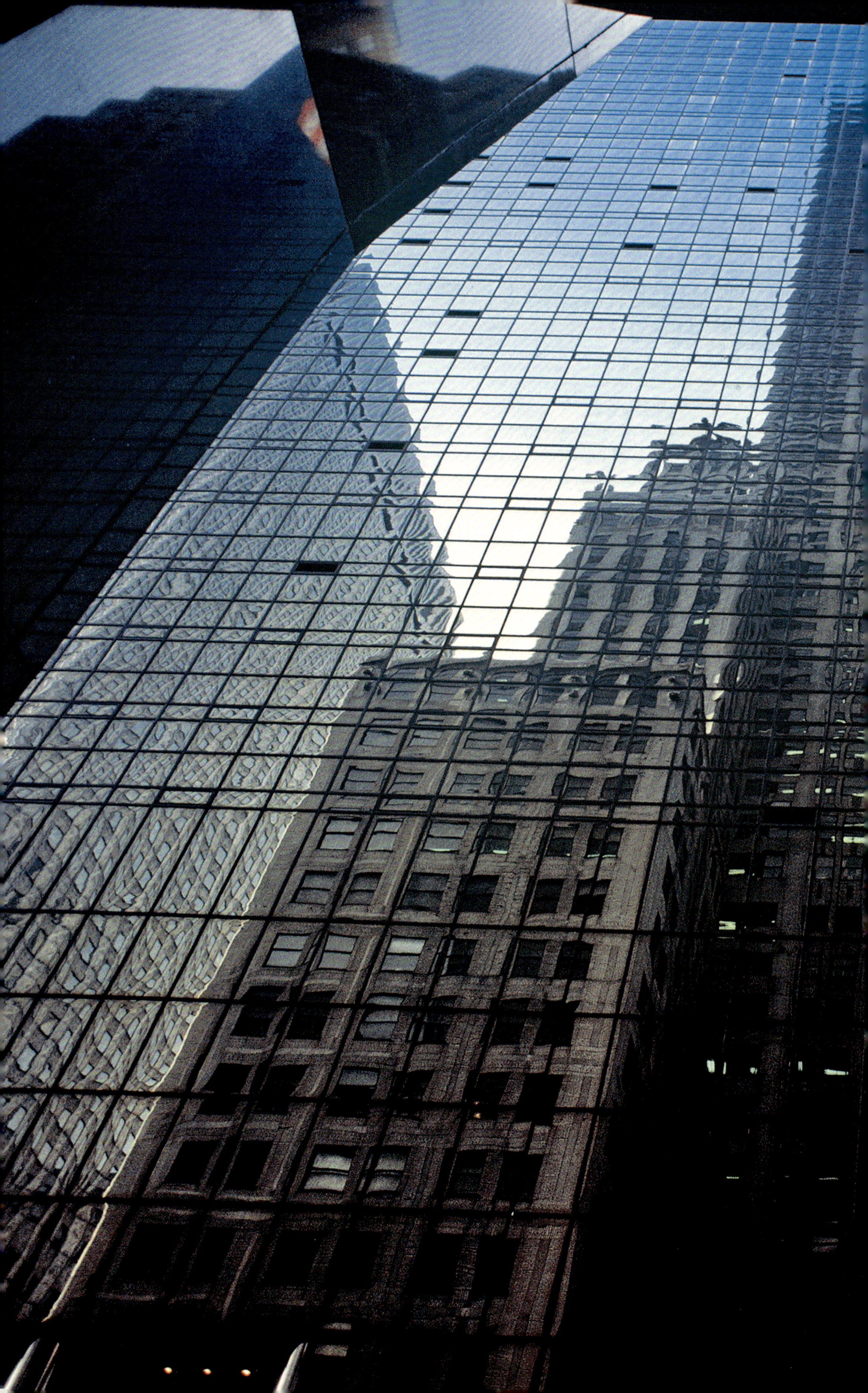

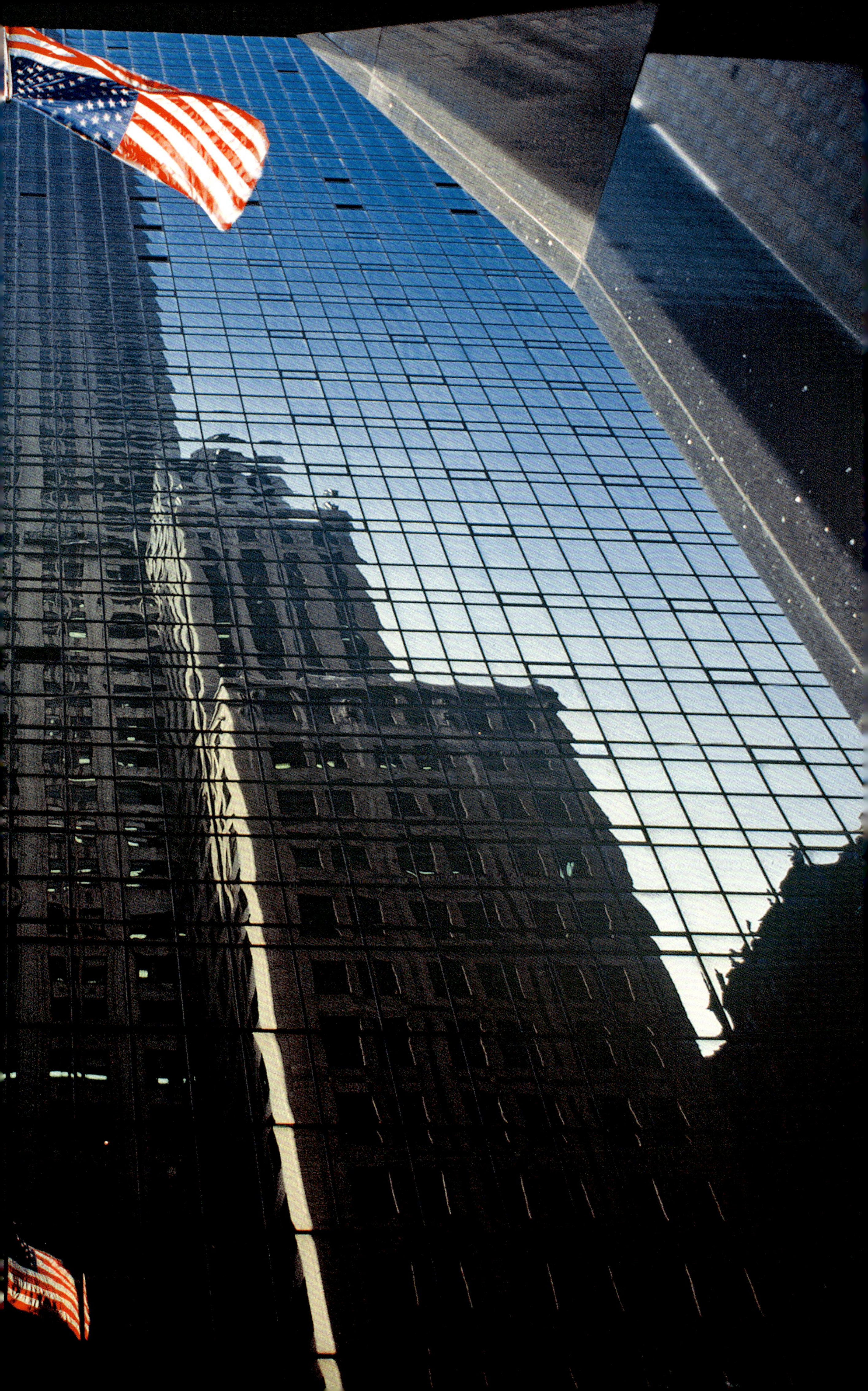

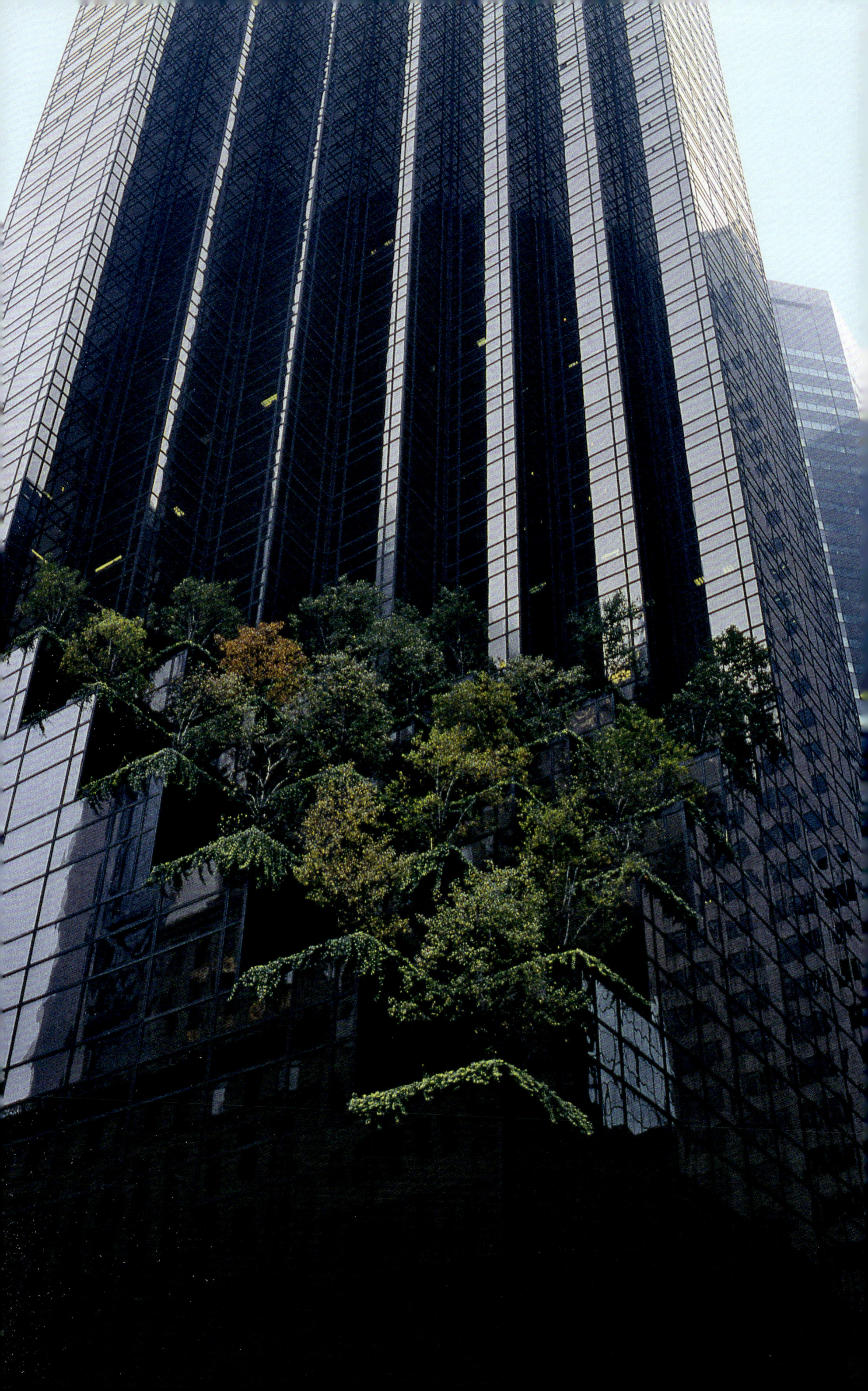

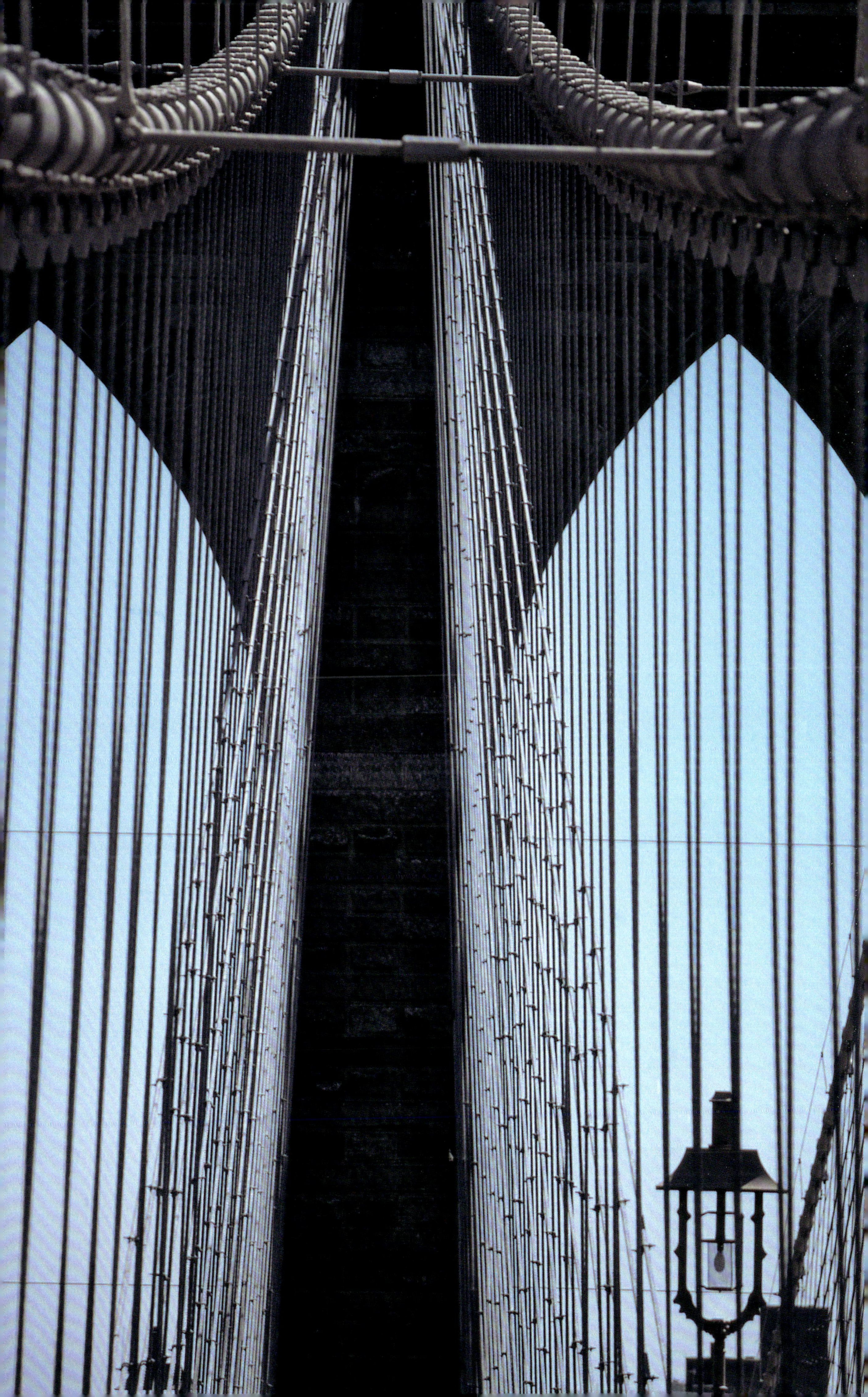

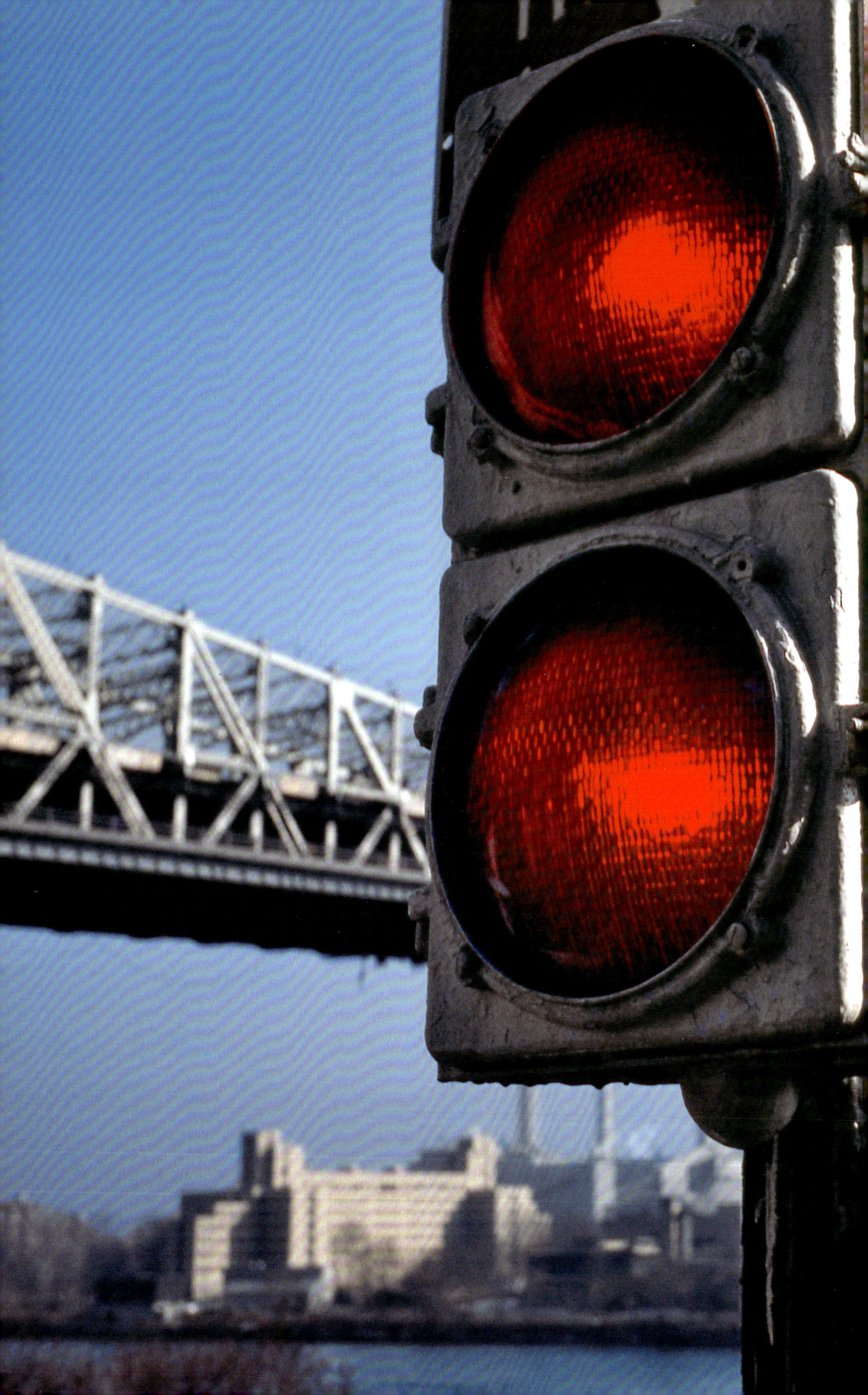

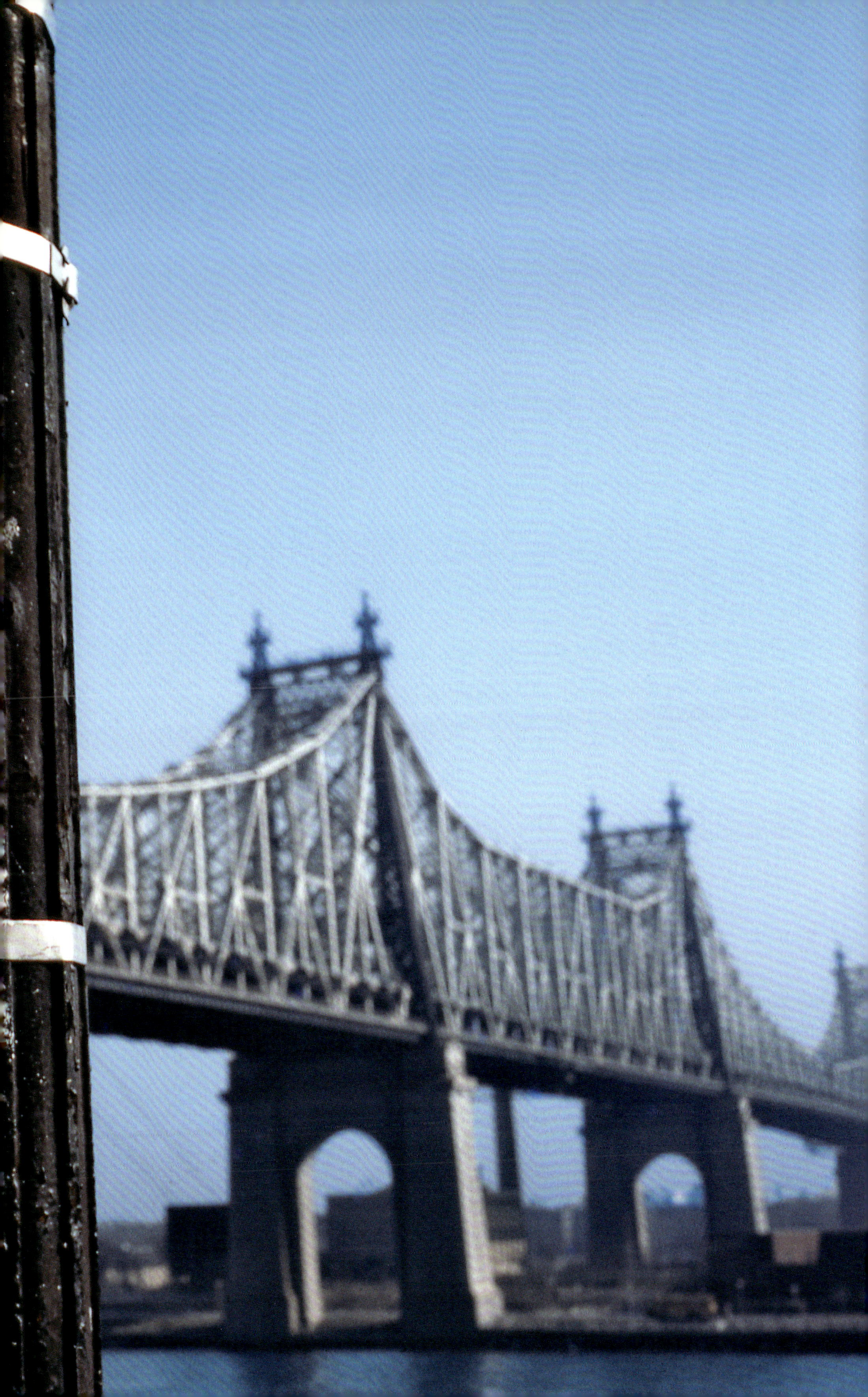

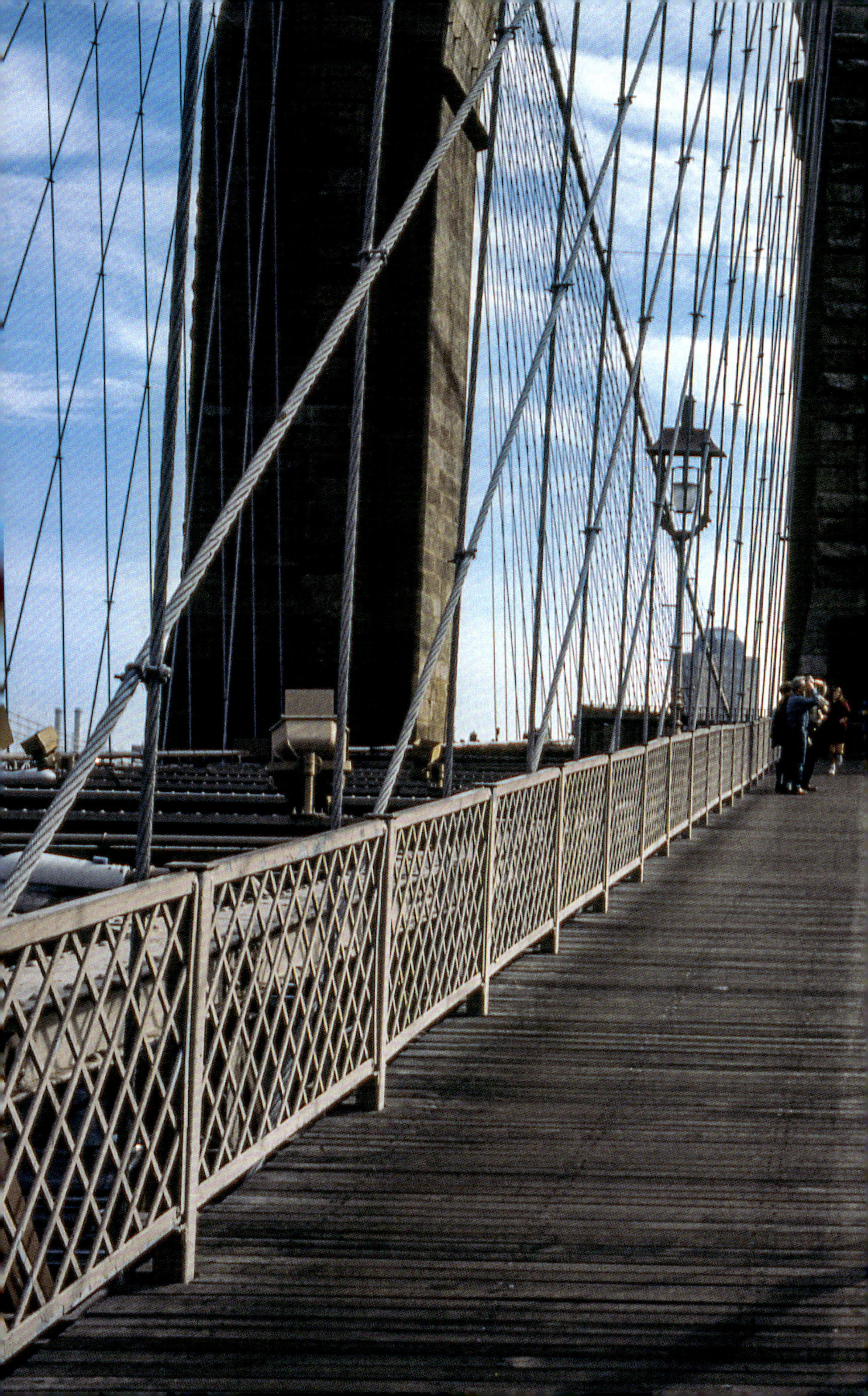

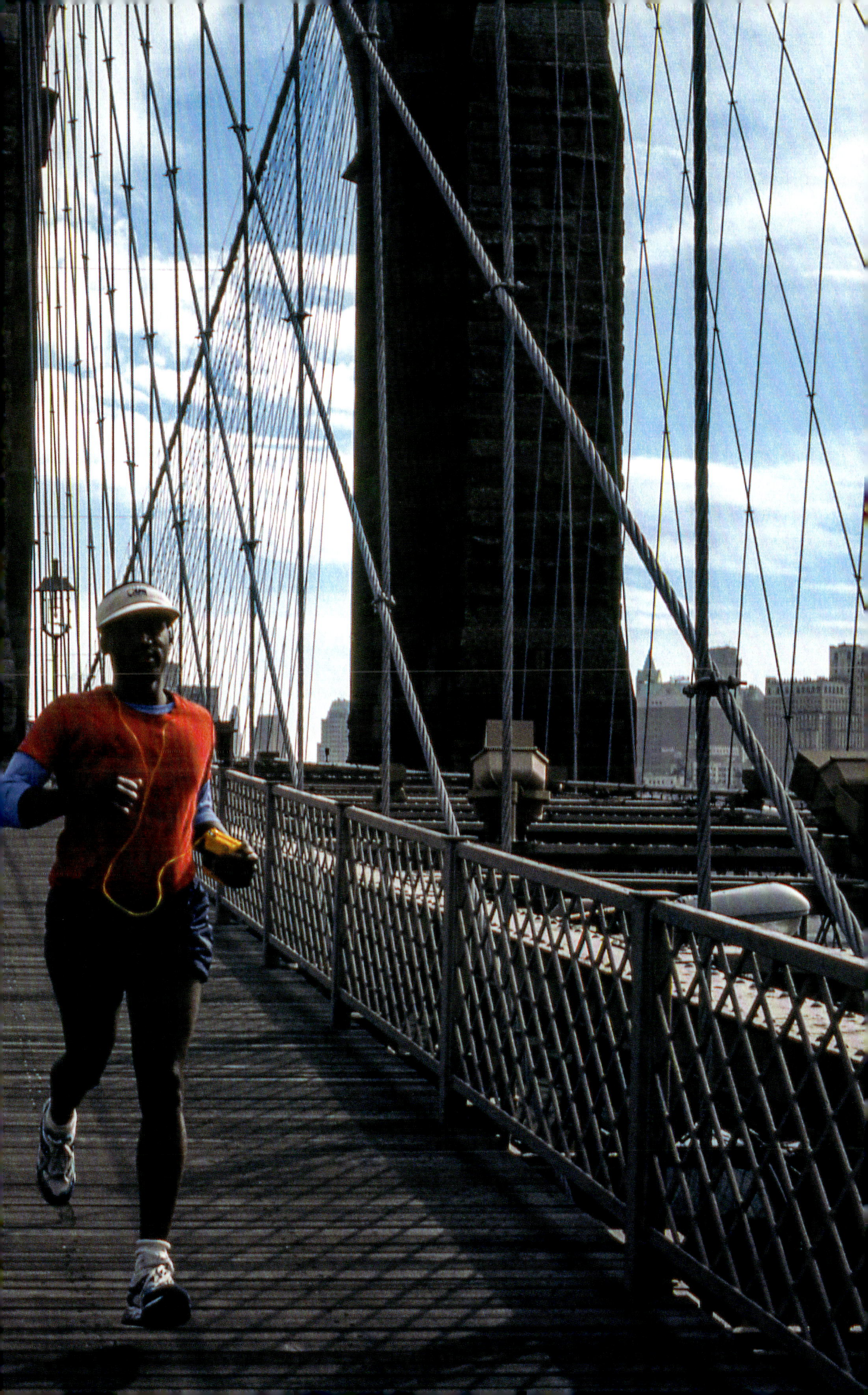

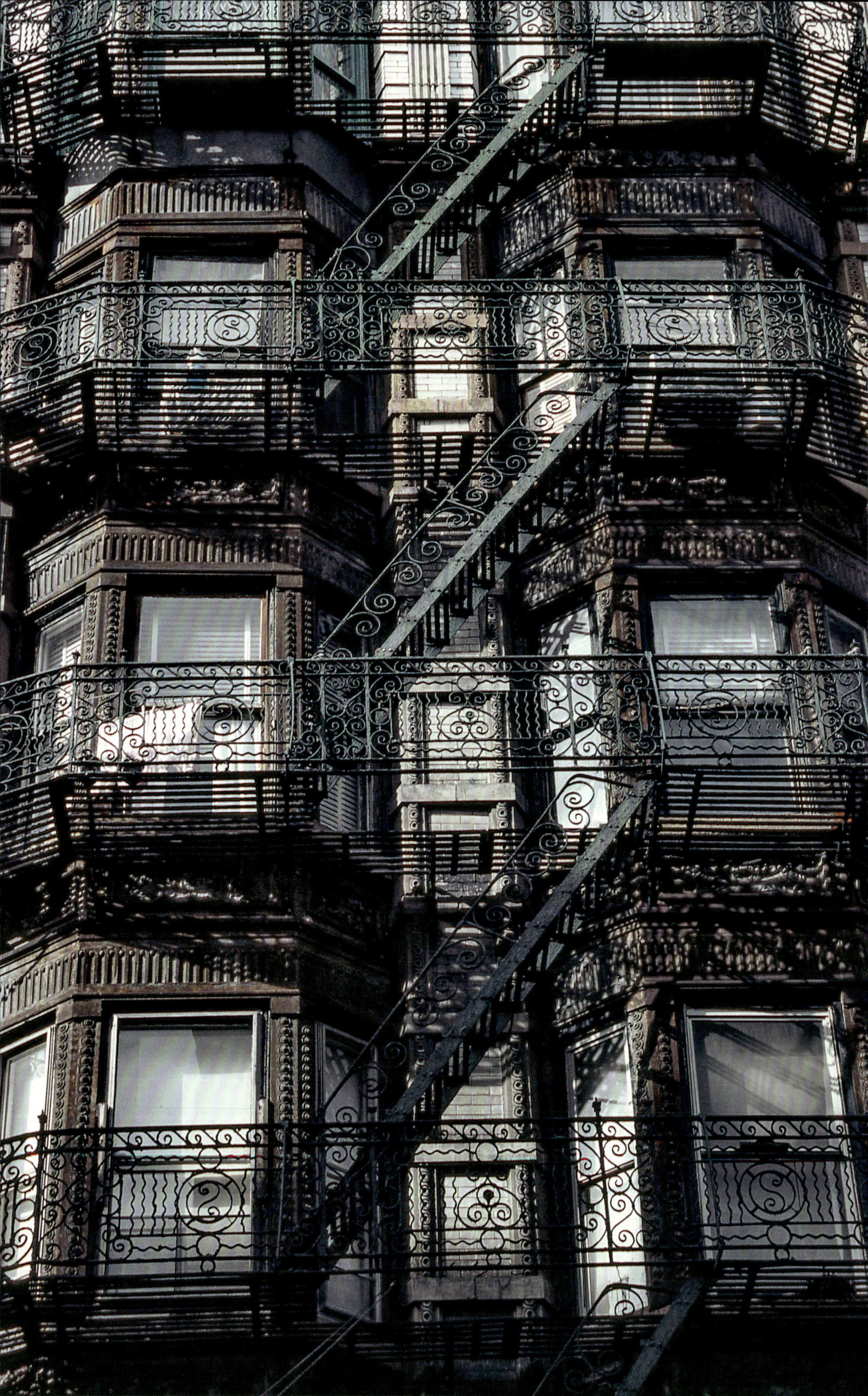

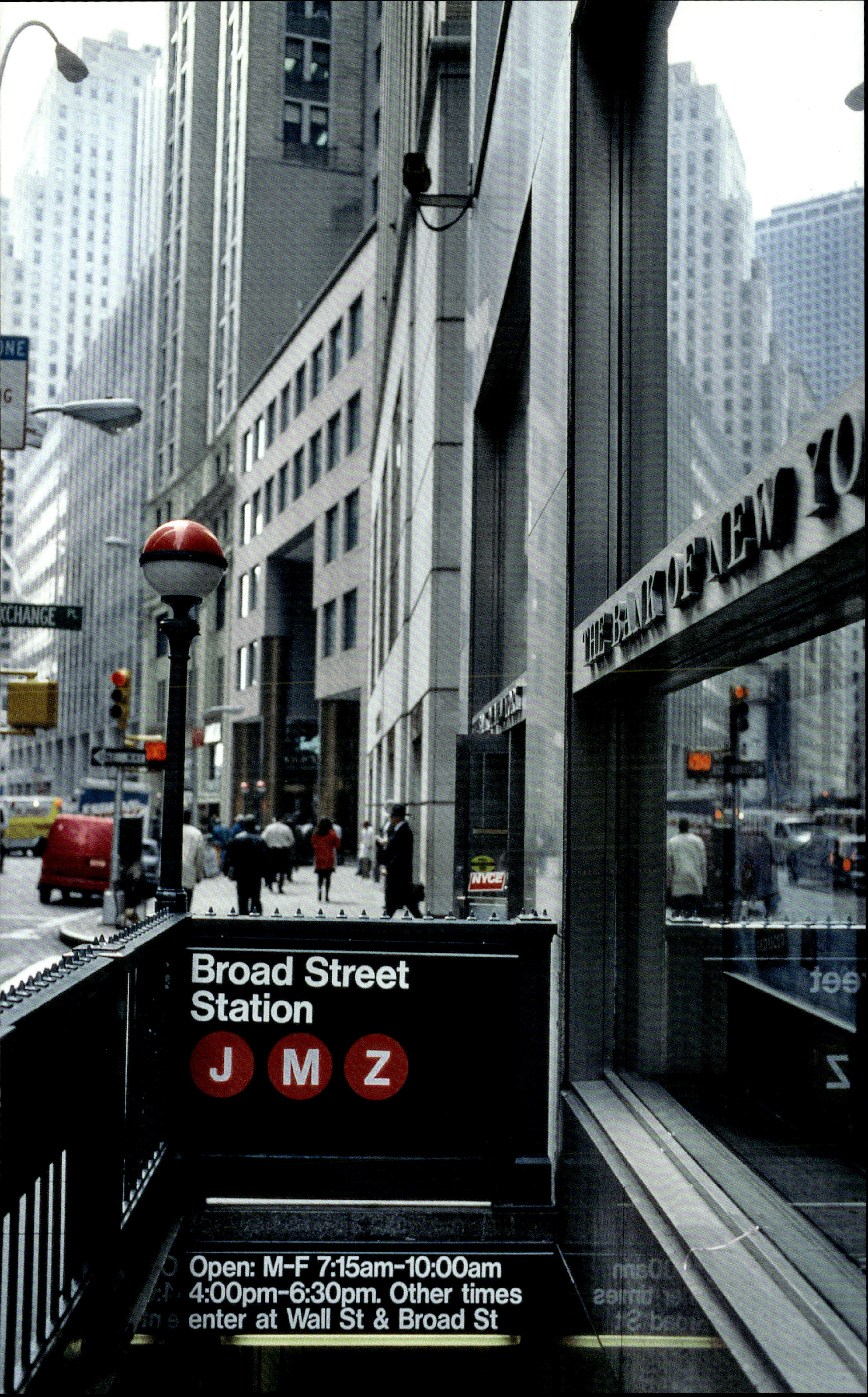
EXCHANGE PL
THE BANK OF NEW YO
Broad Street
Station
J M Z
Open: M-F 7:15am-10:00am
4:00pm-6:30pm. Other times
enter at Wall St & Broad St

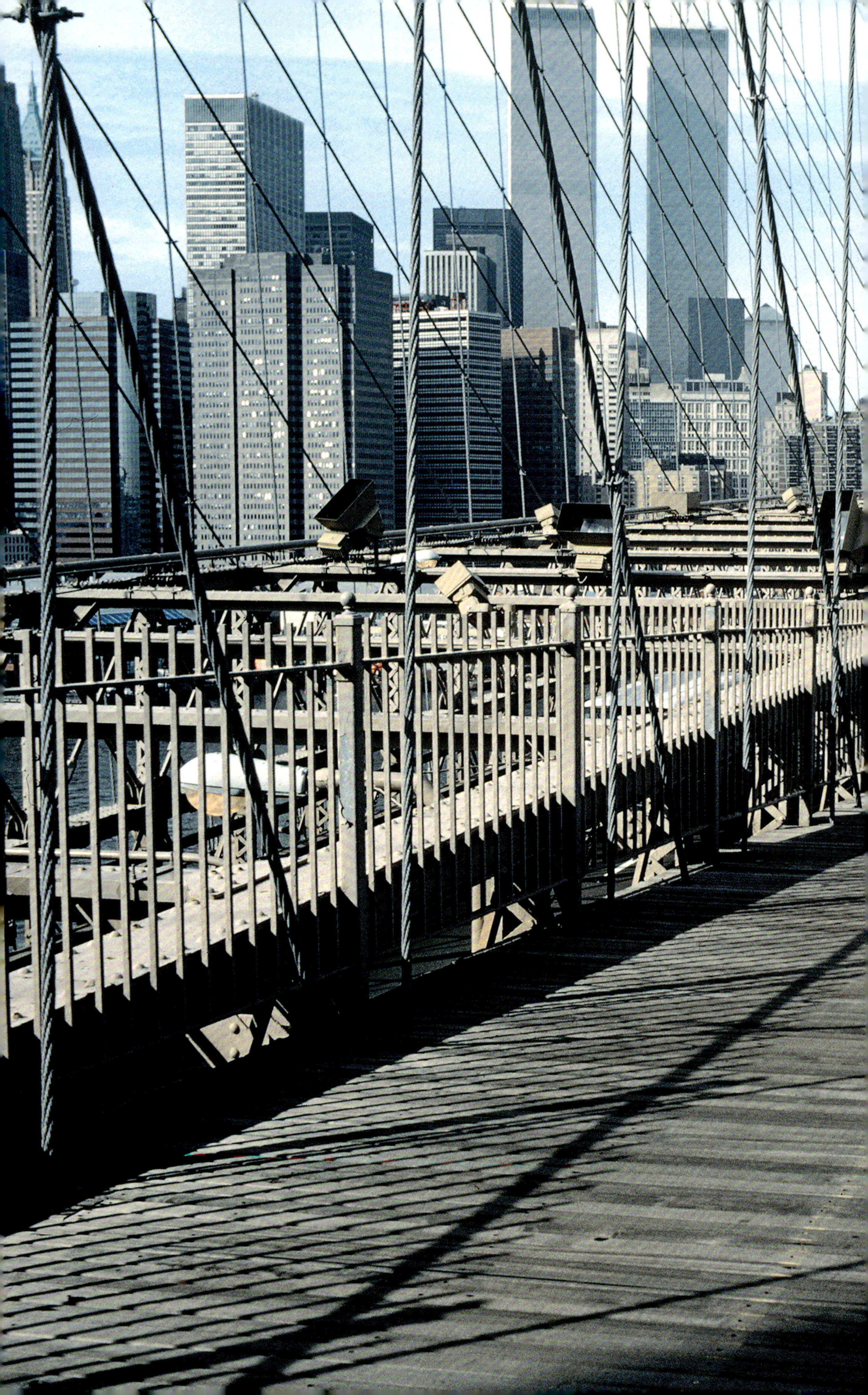

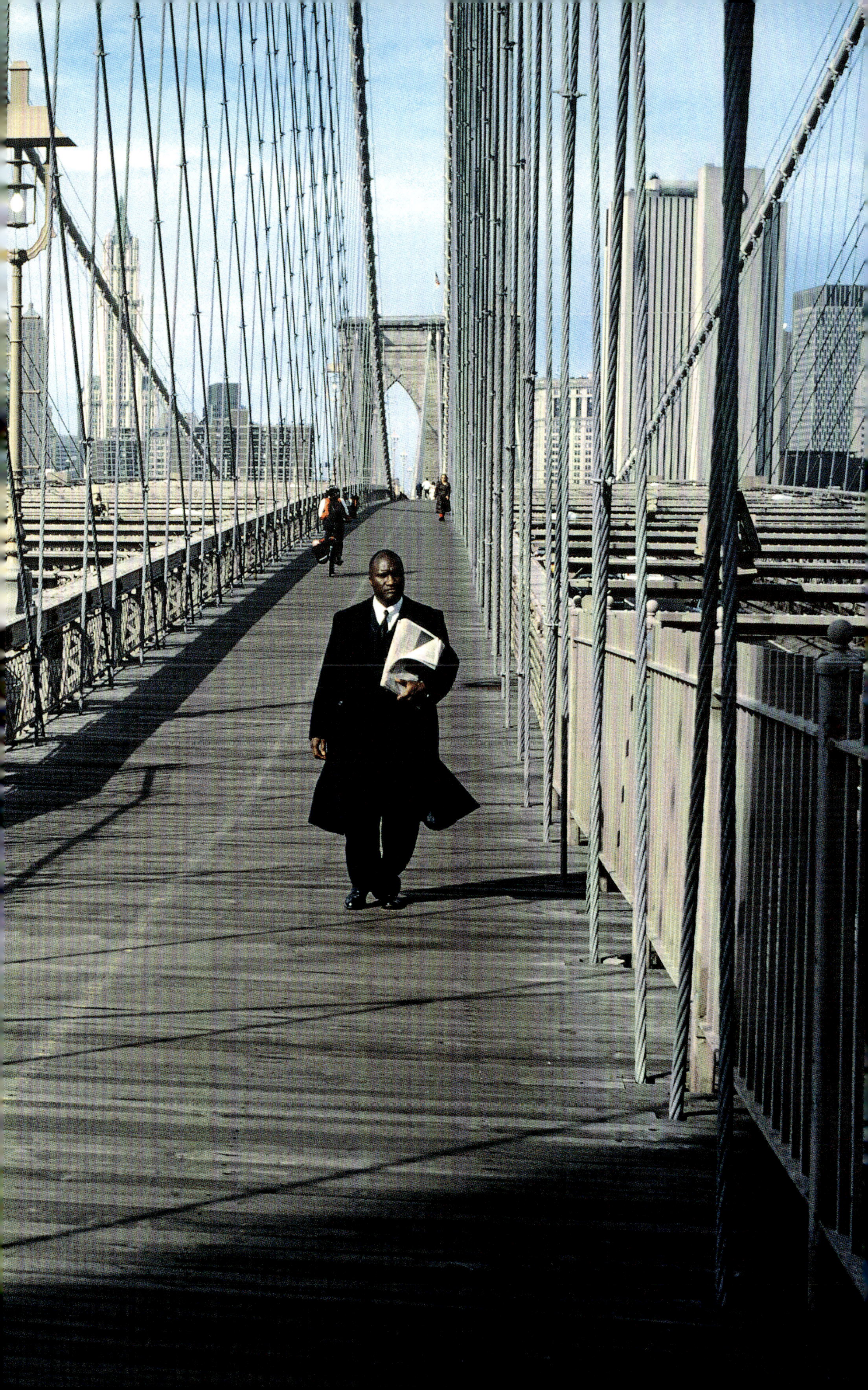

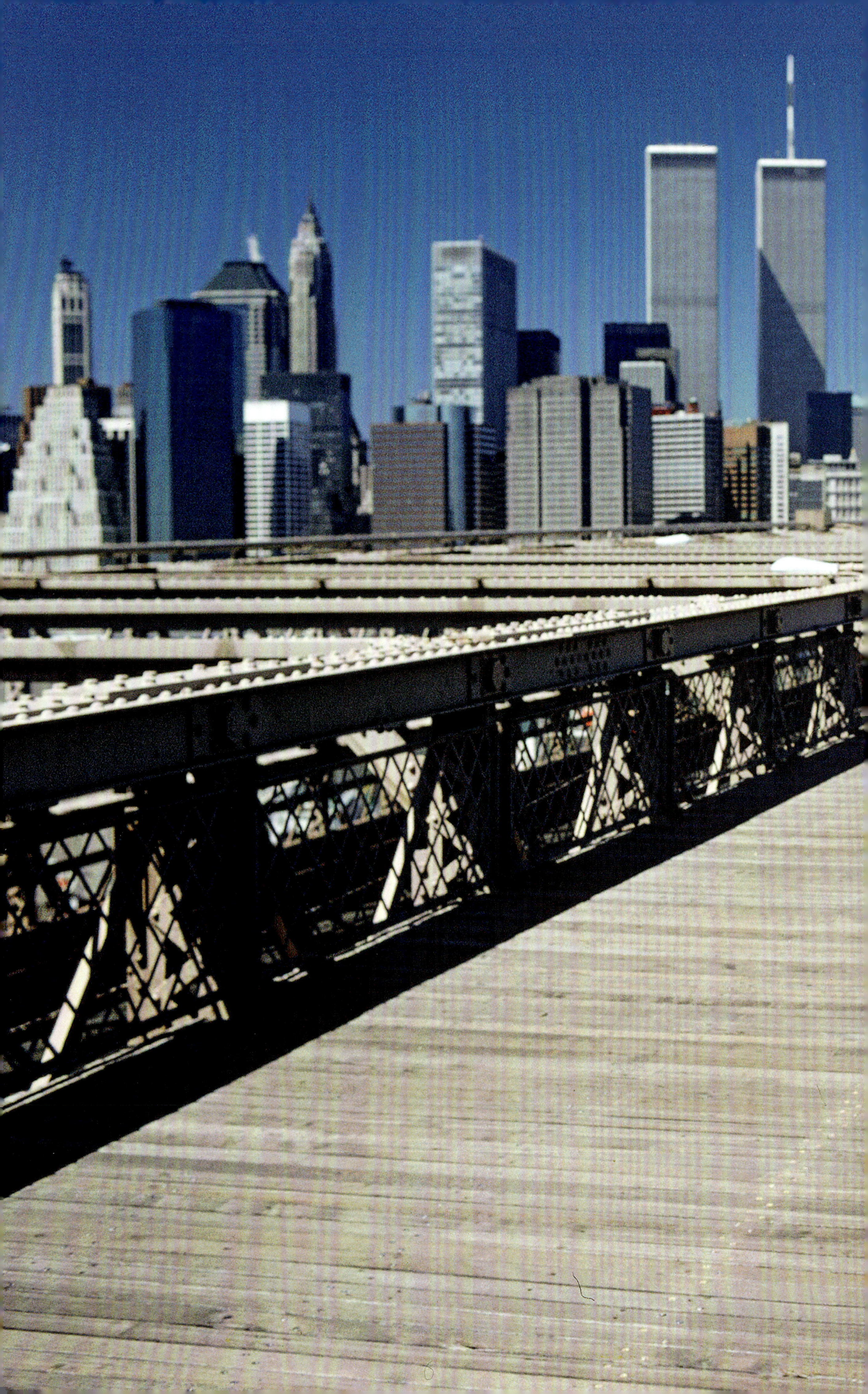

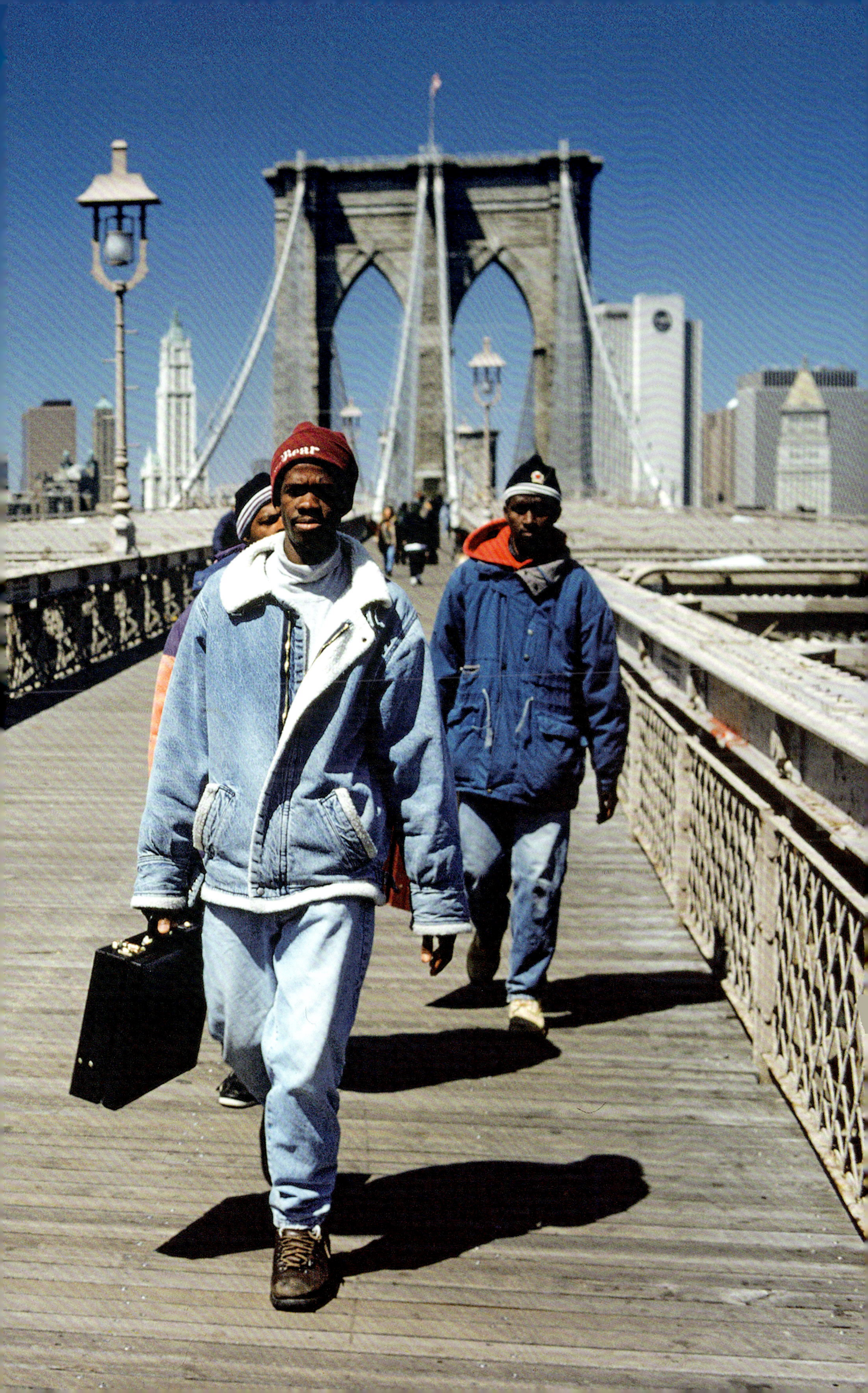
Bear

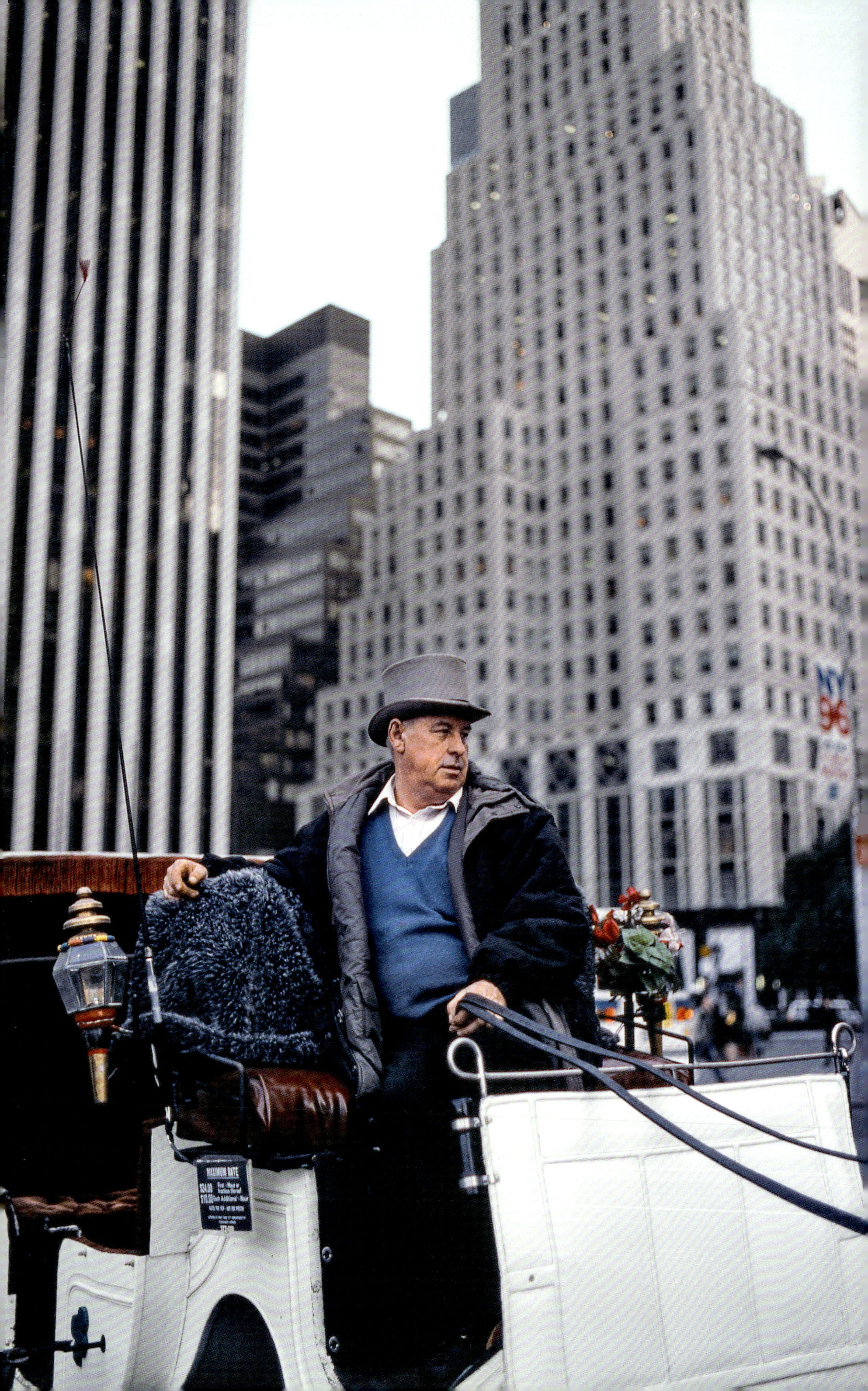
NY 96
MAXIMUM RATE

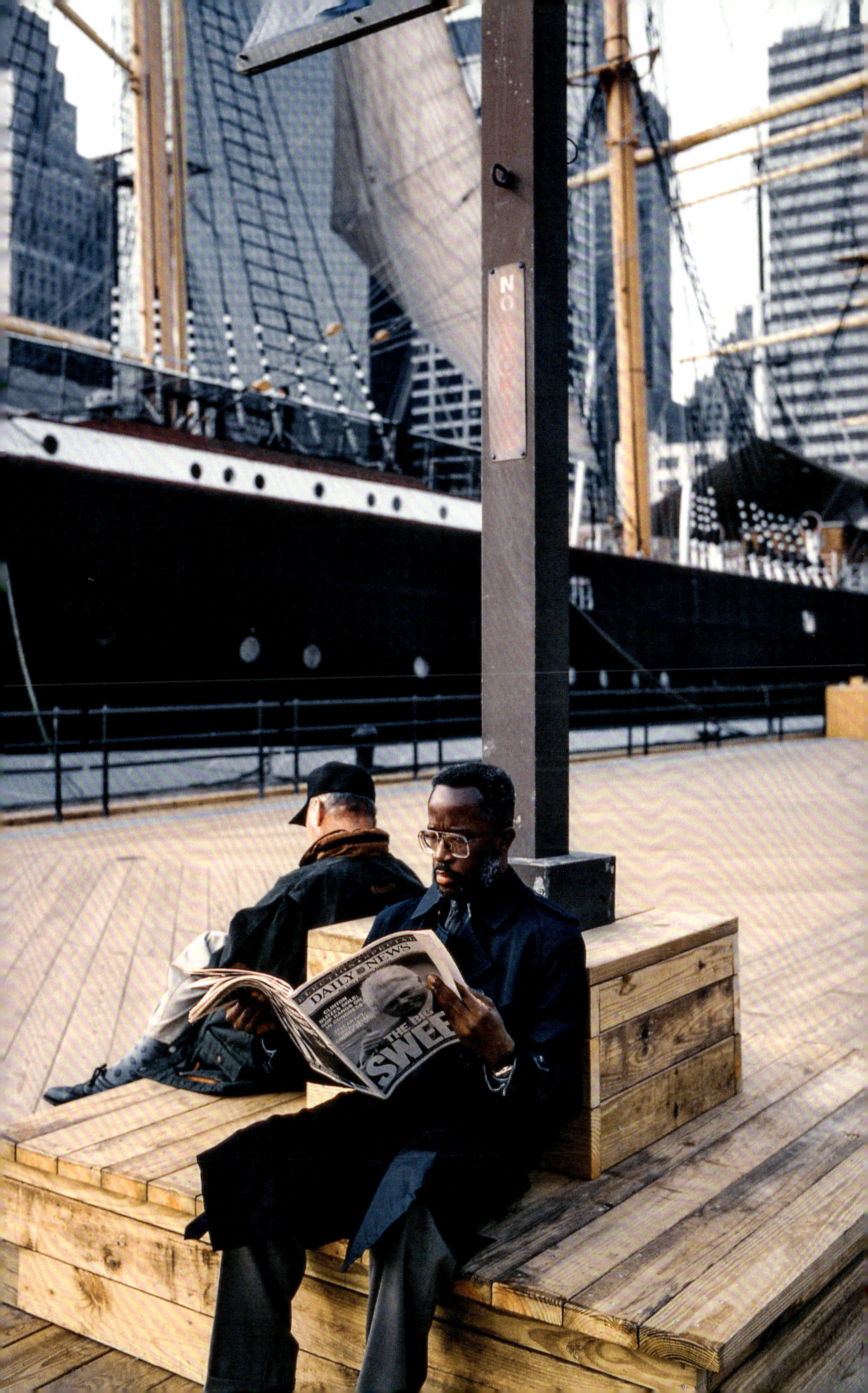
DAILY NEWS
CLINTON
THE BIG

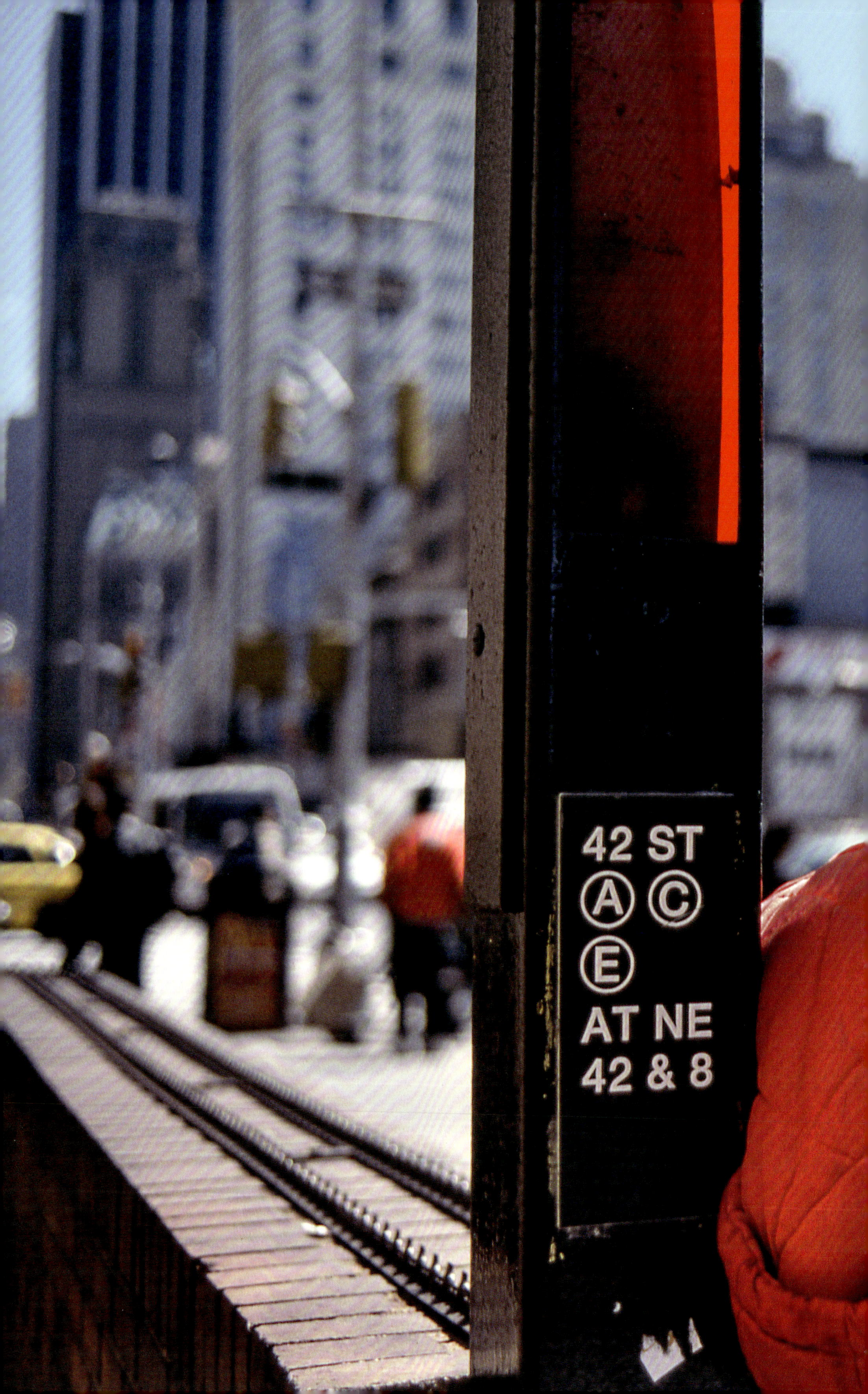
42 ST
A C
E
AT NE
42 & 8

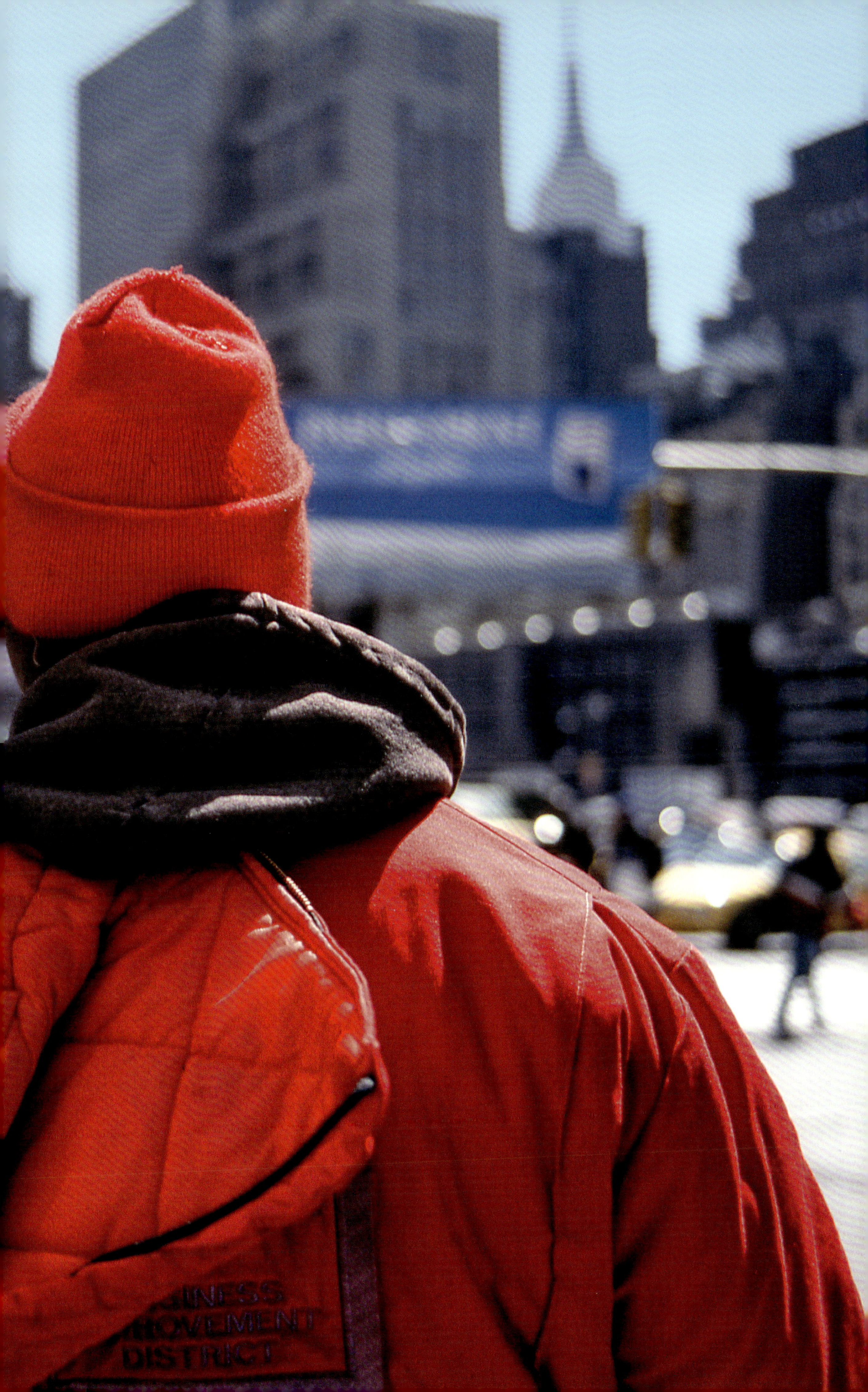
DISTRICT

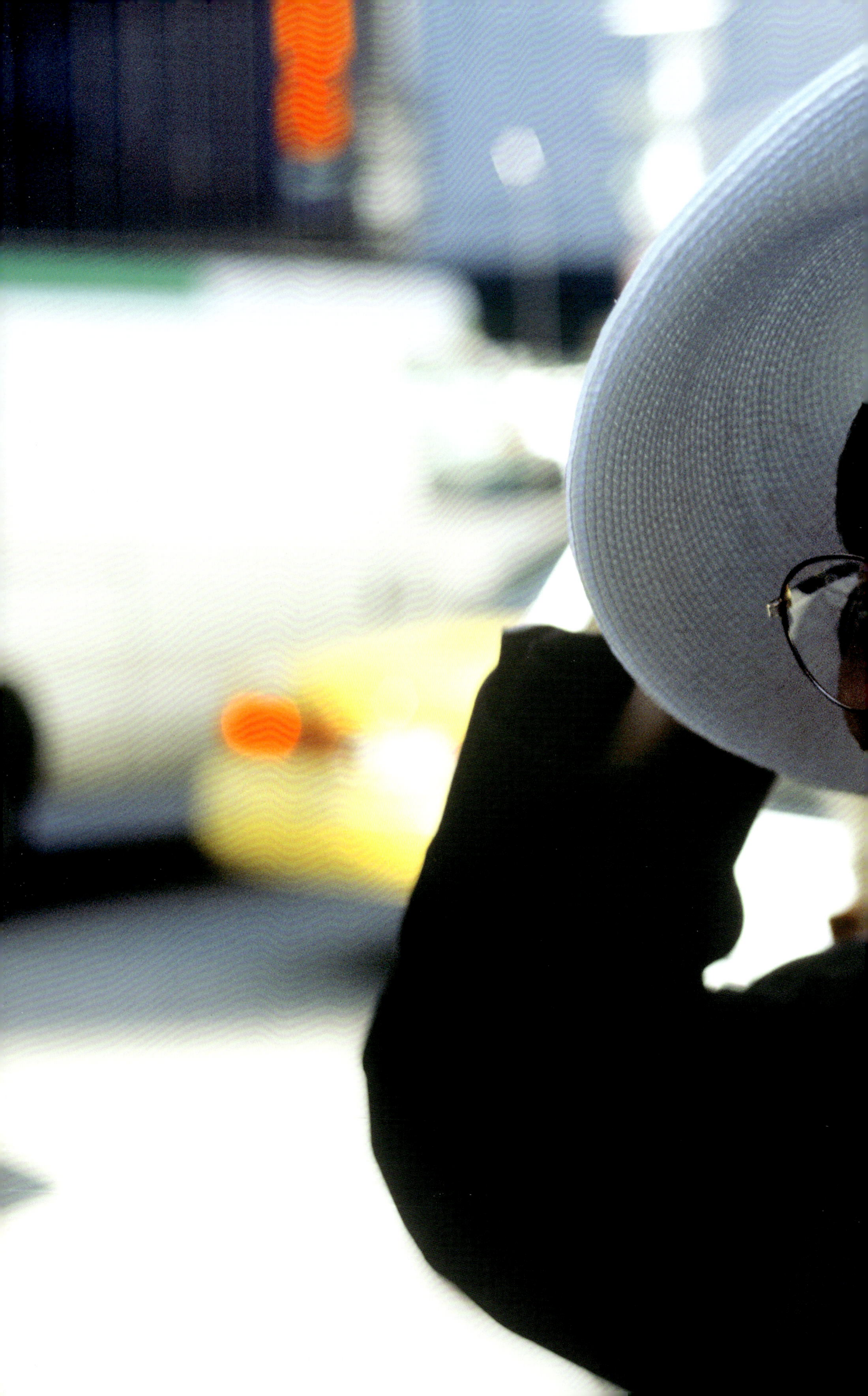

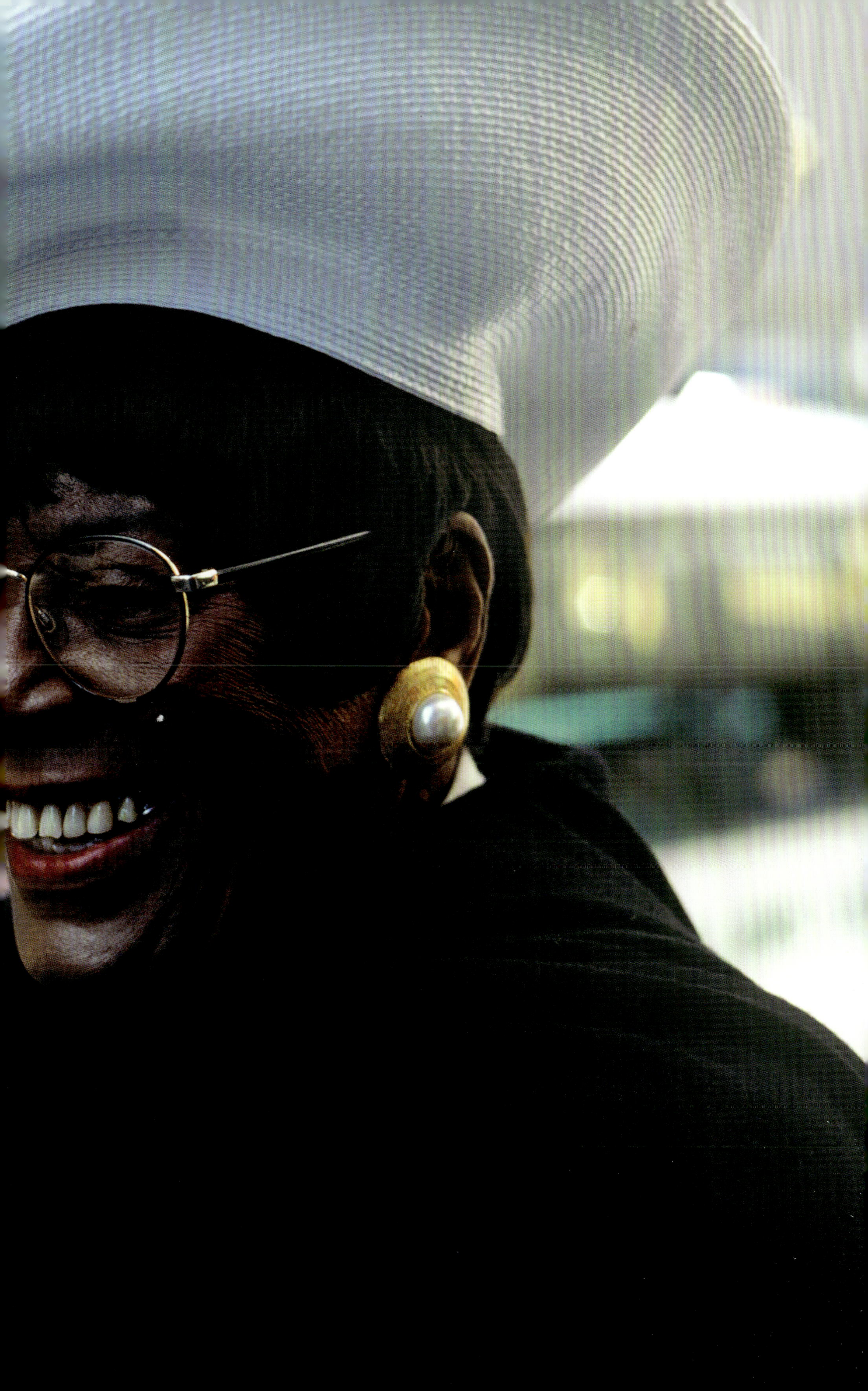

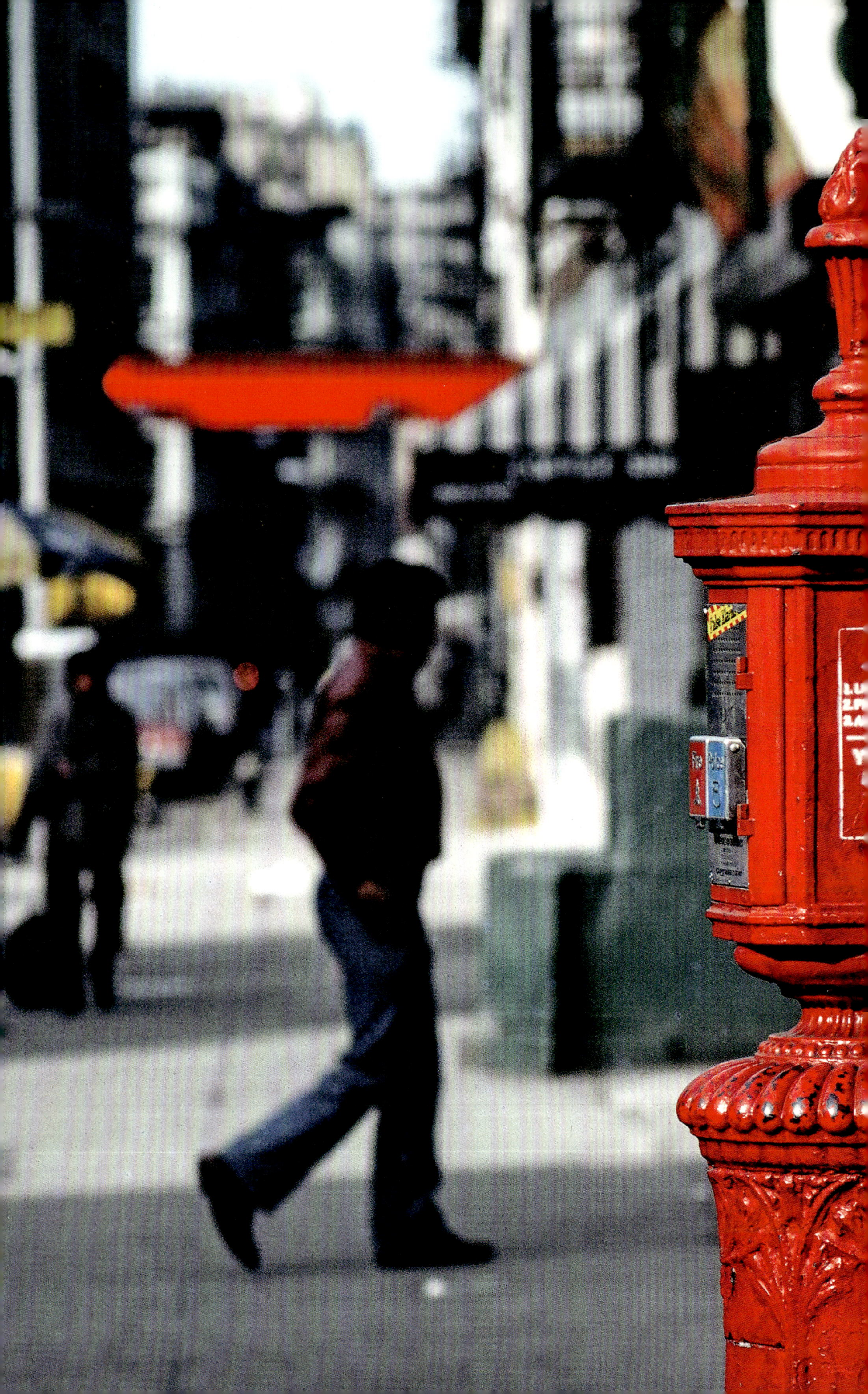

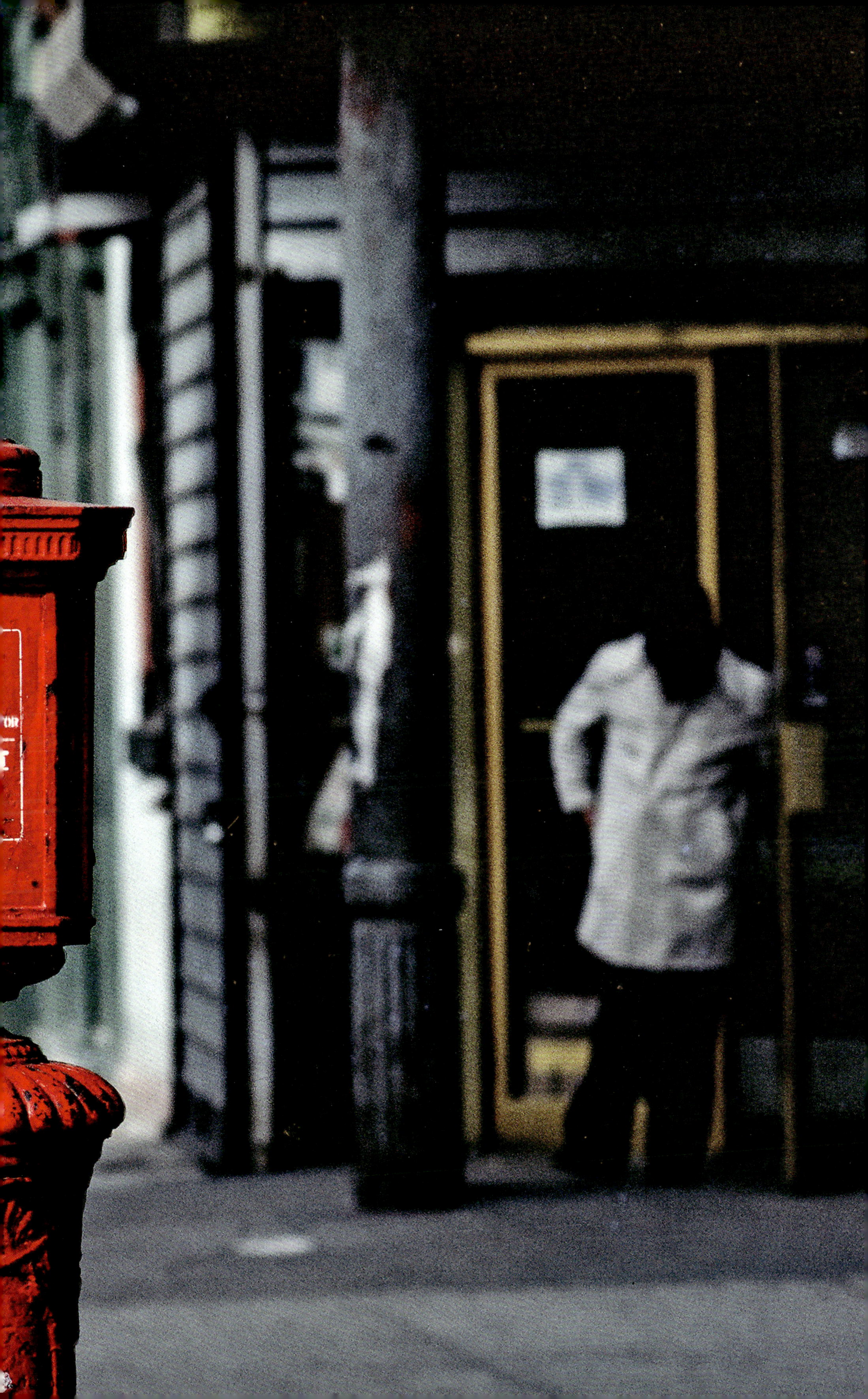

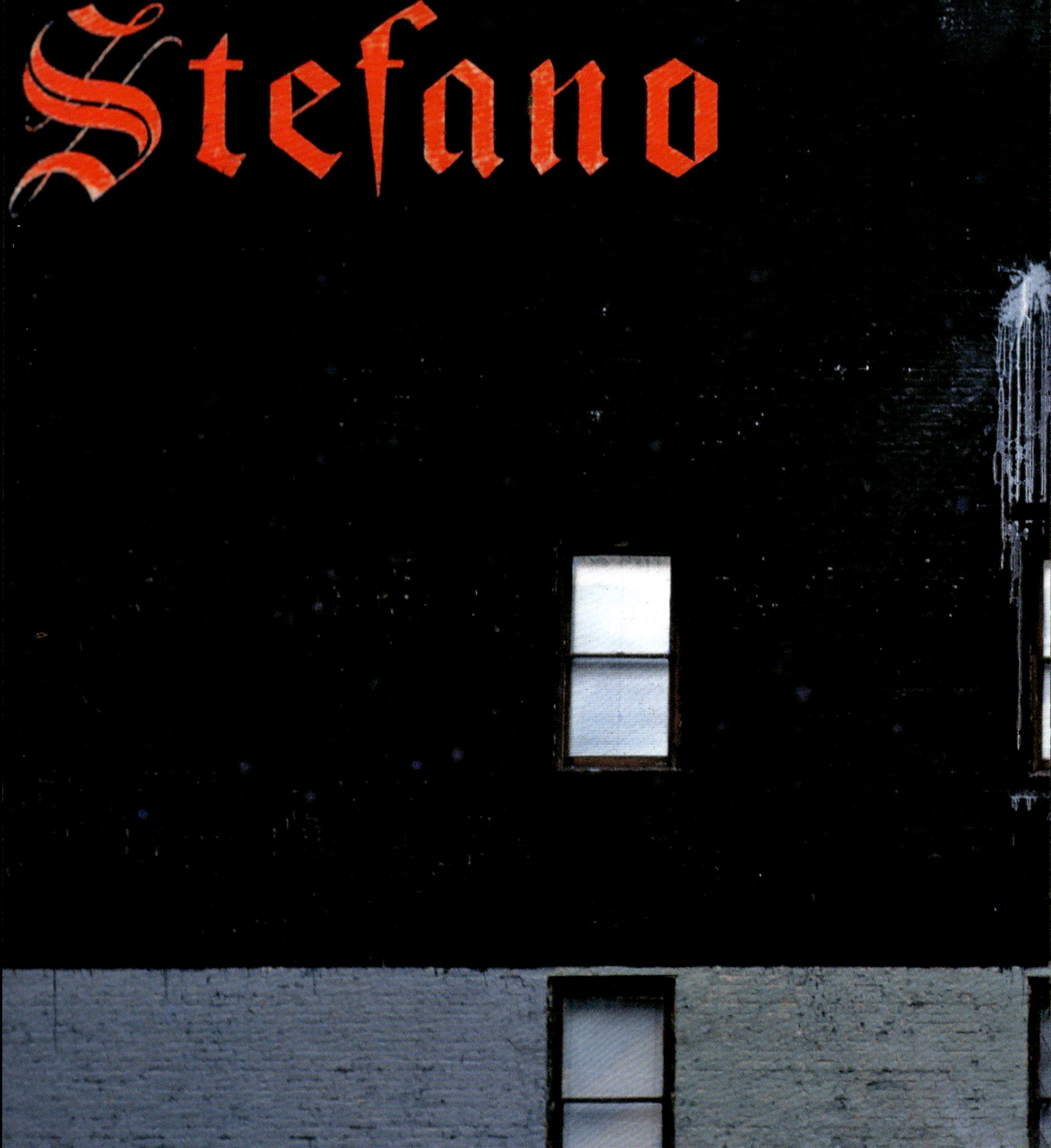
Stefano

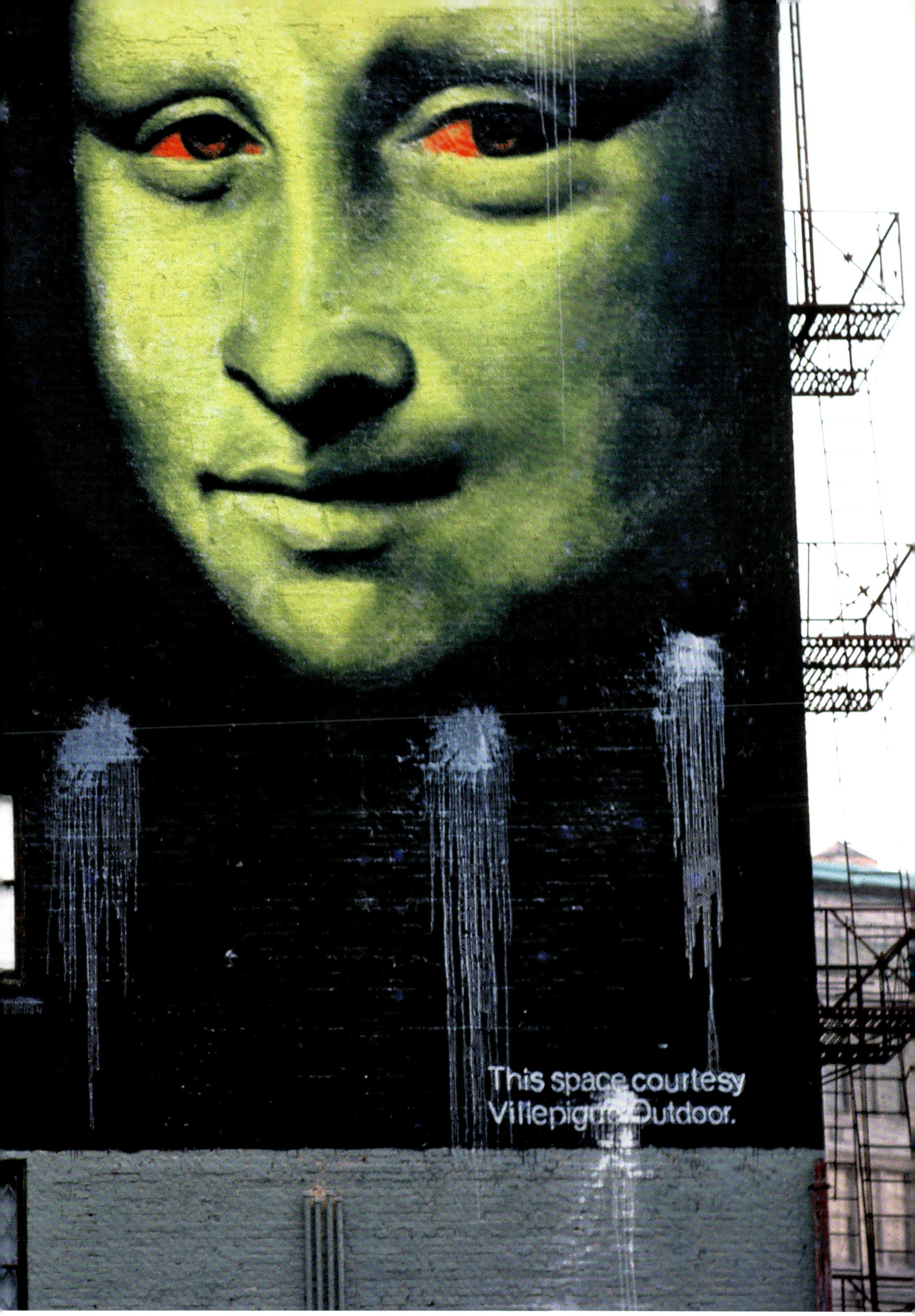
This space courtesy
Villepigue Outdoor.

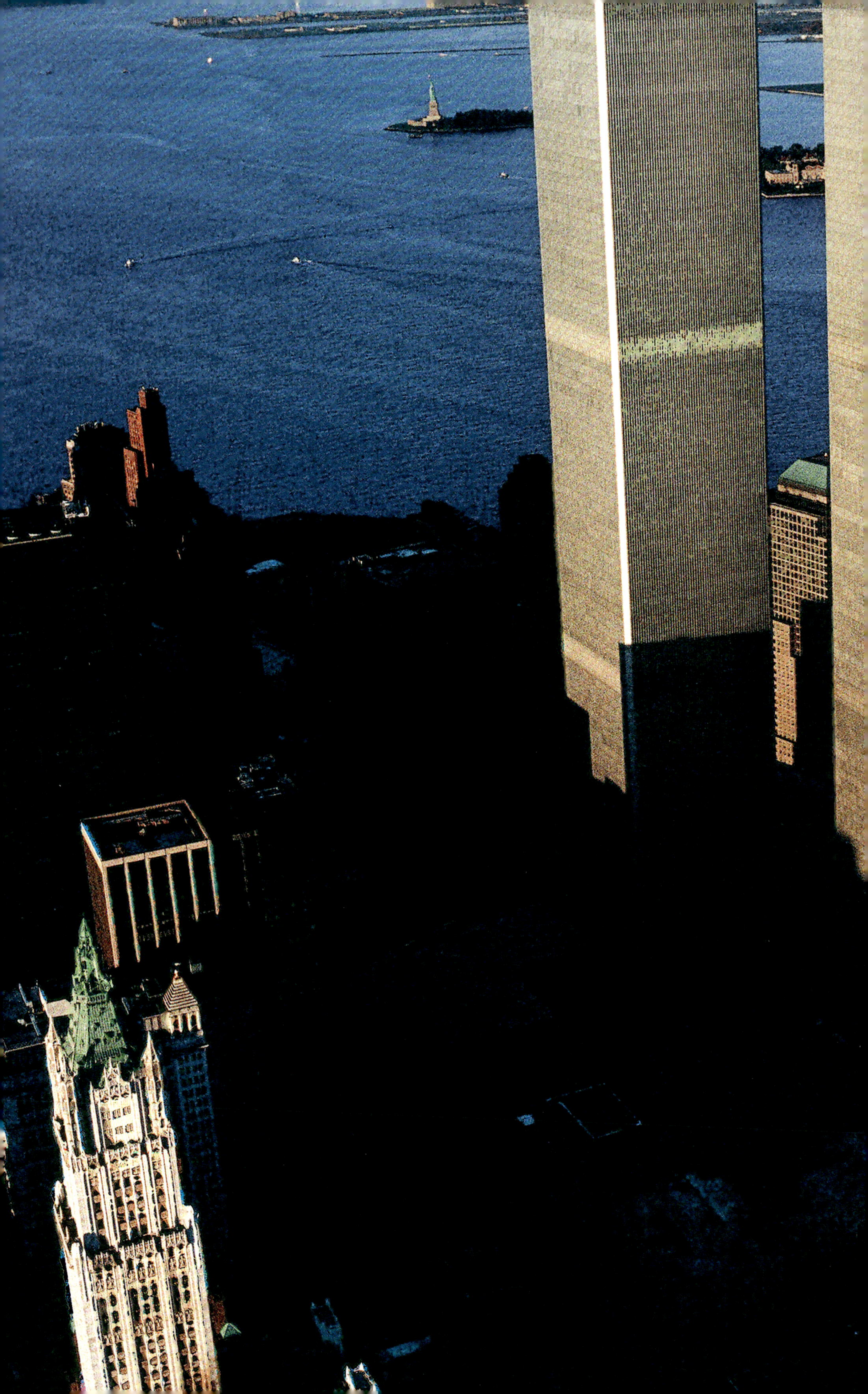

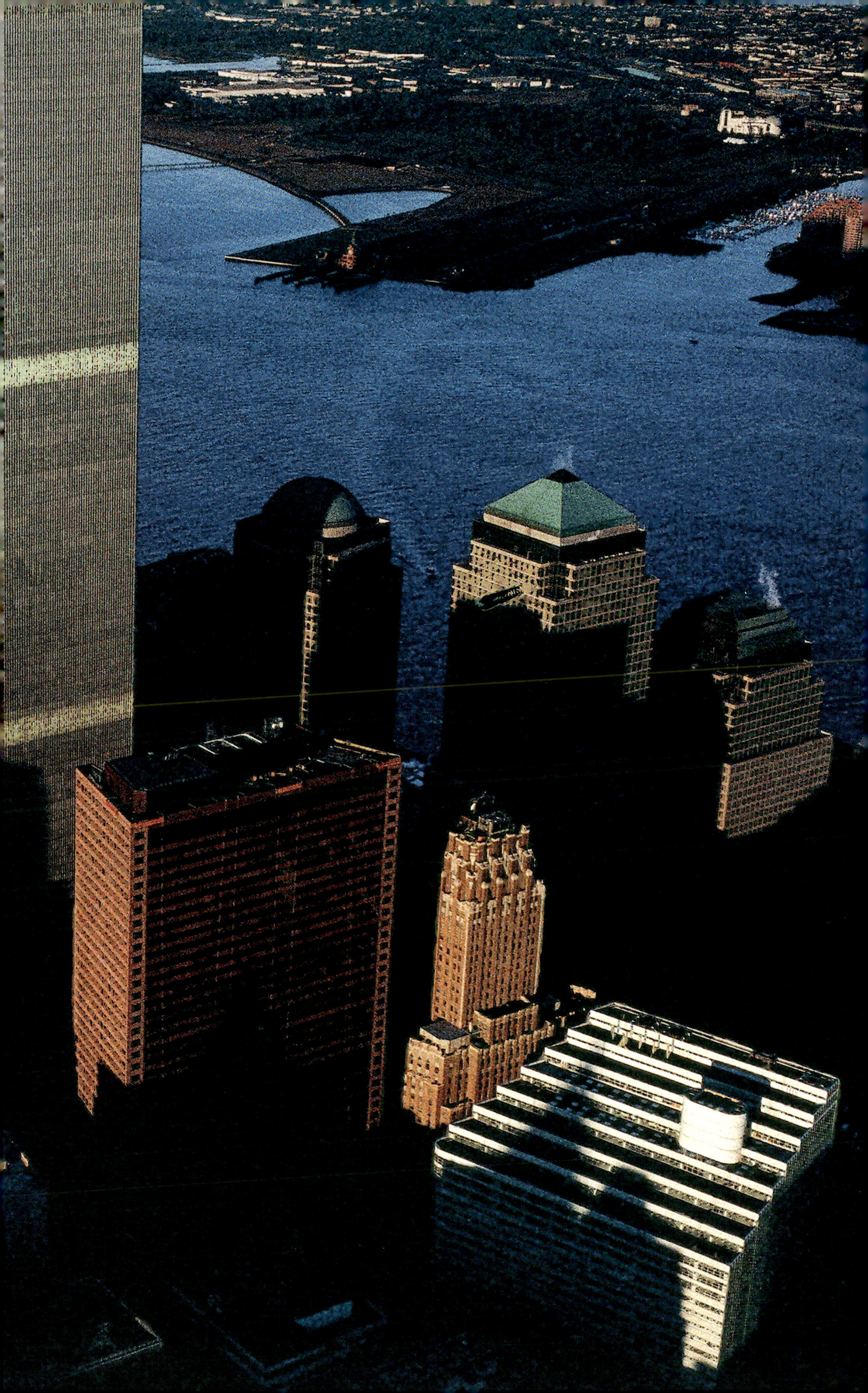

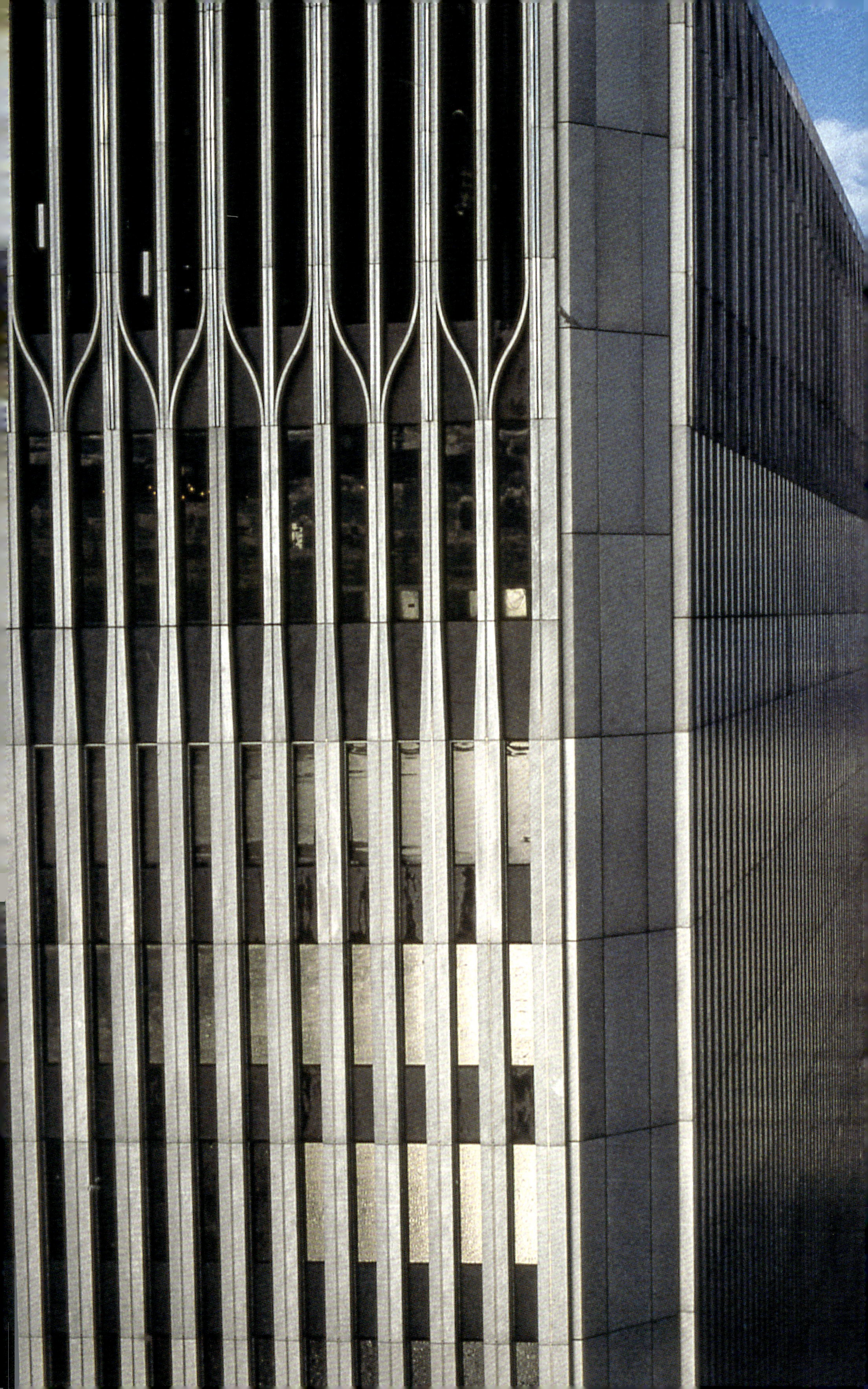

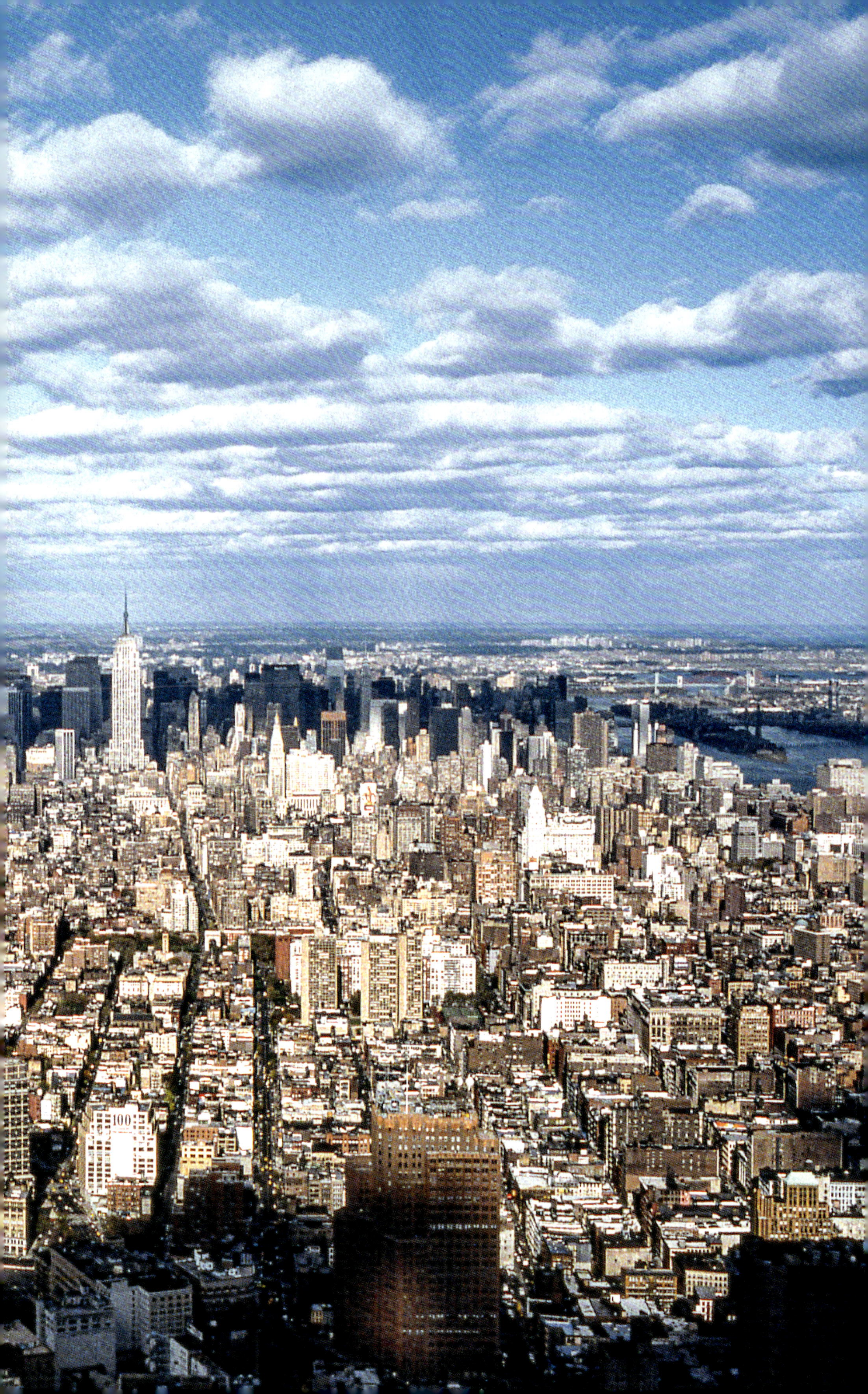

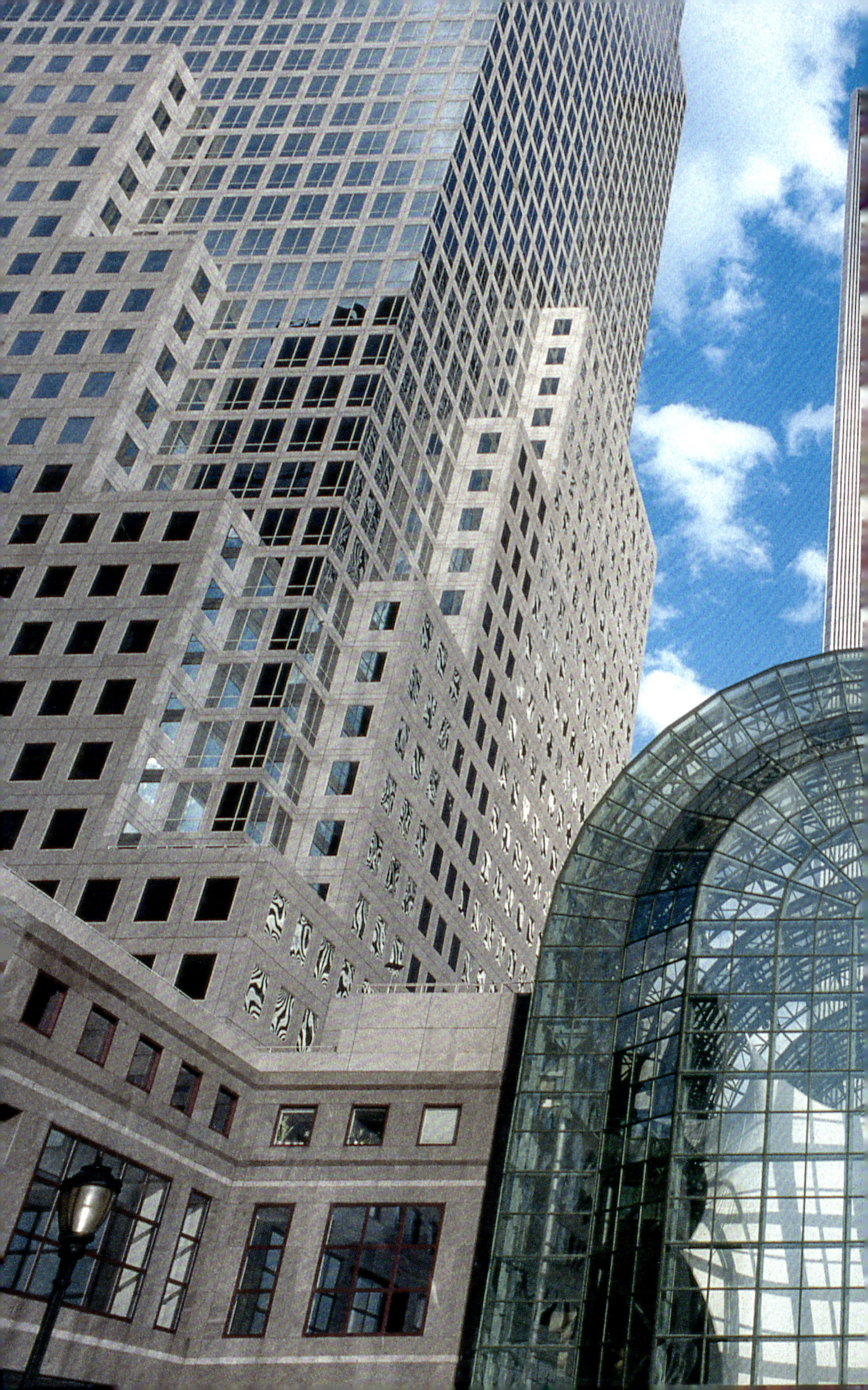

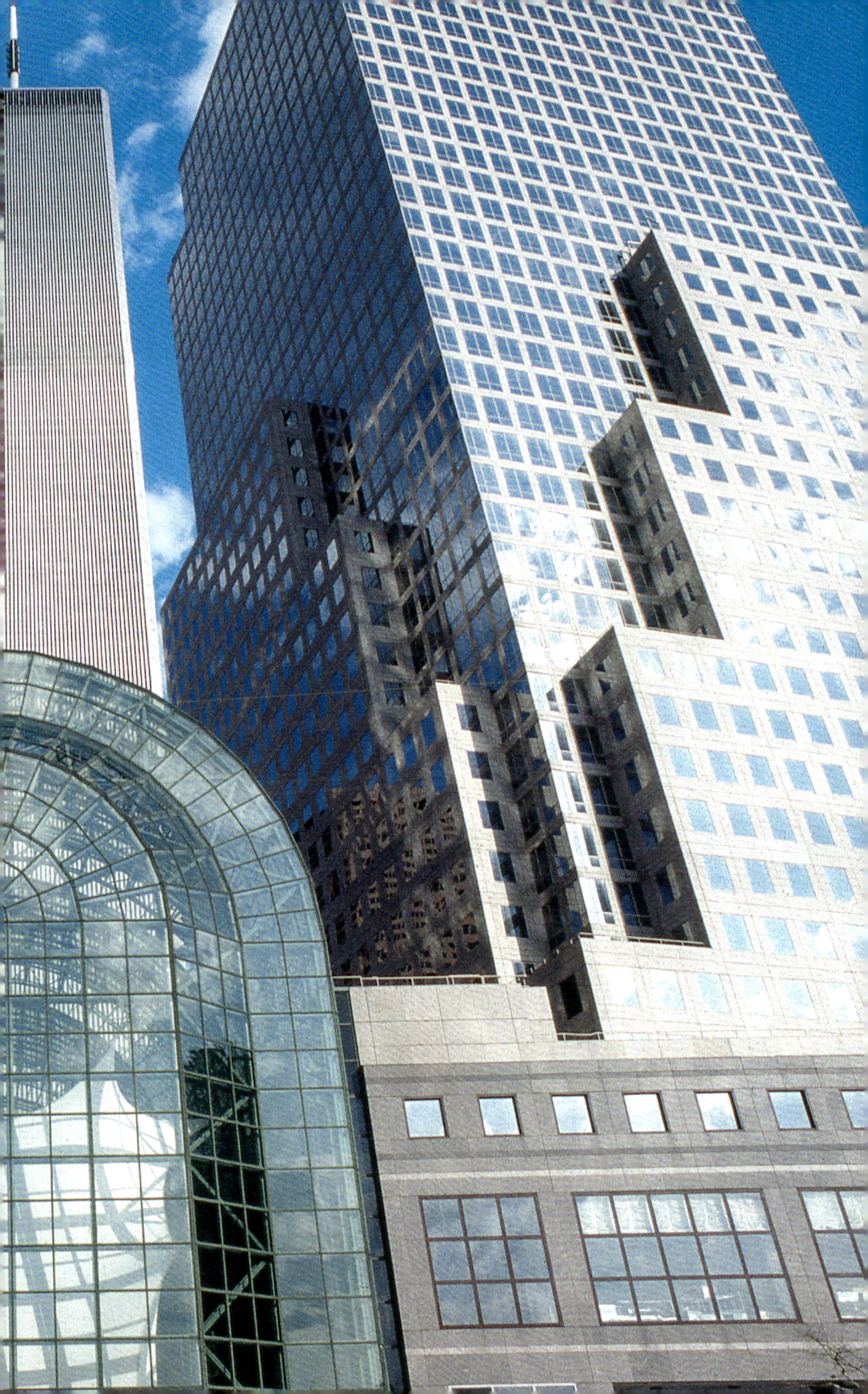

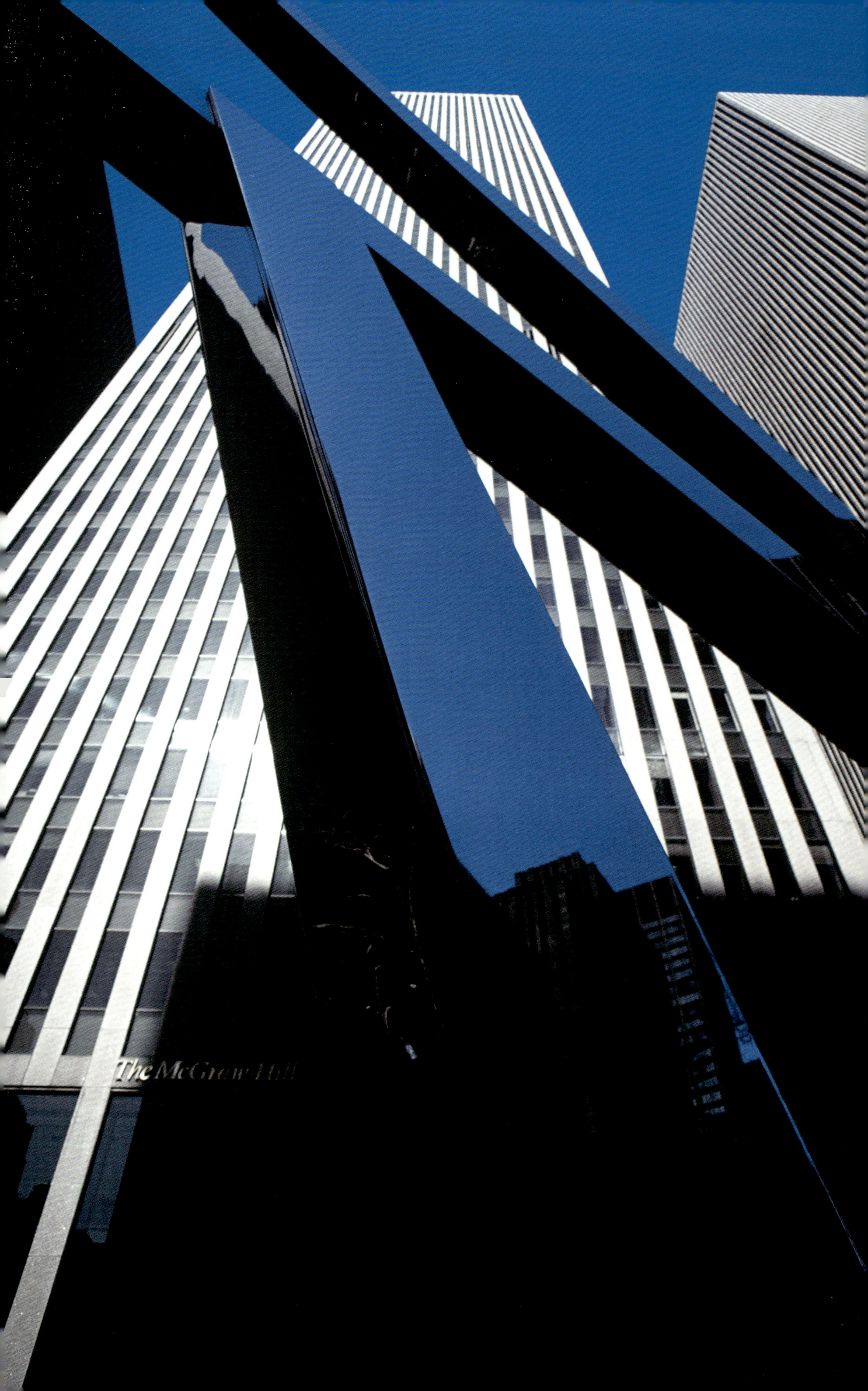
The McGraw-Hill

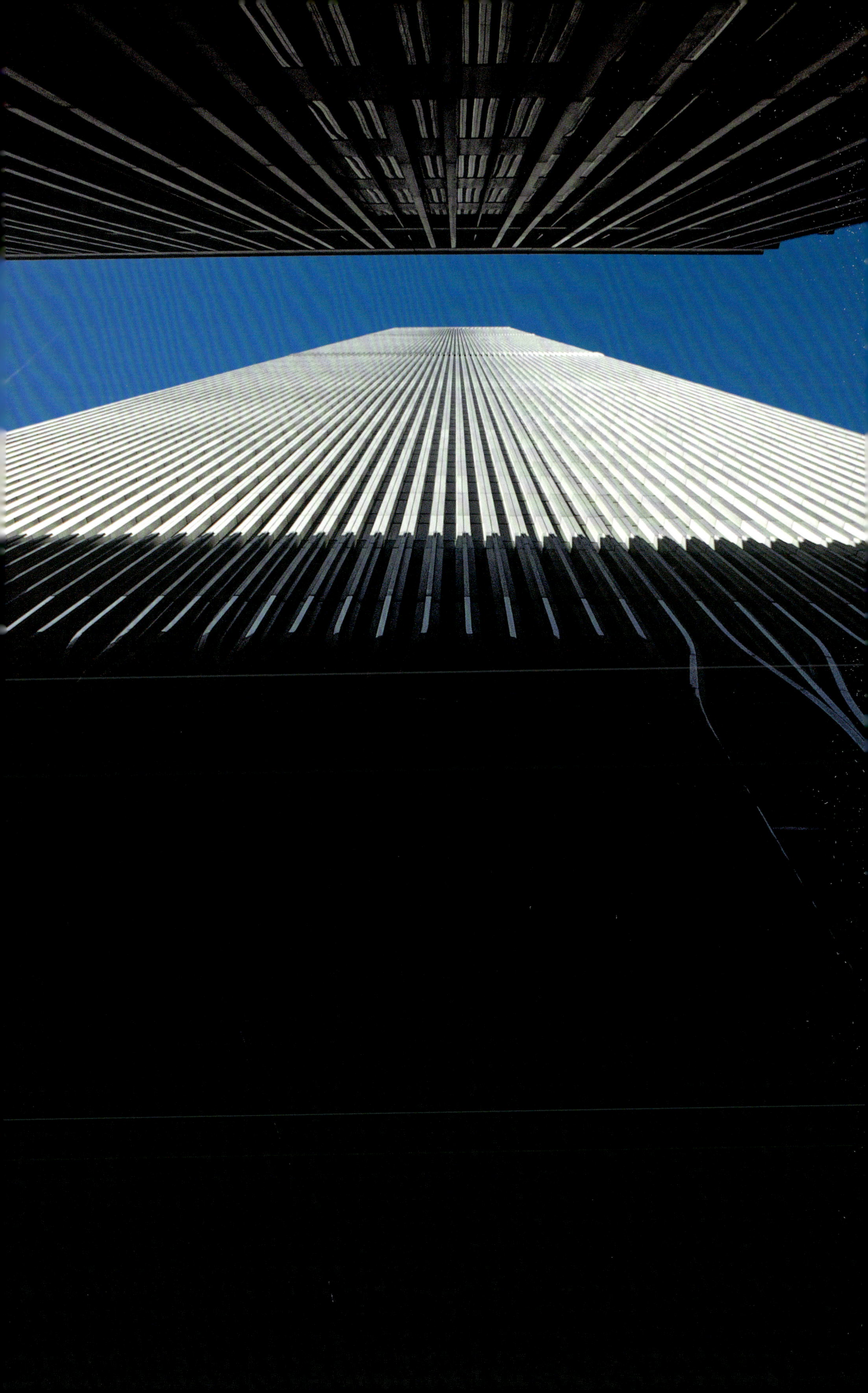

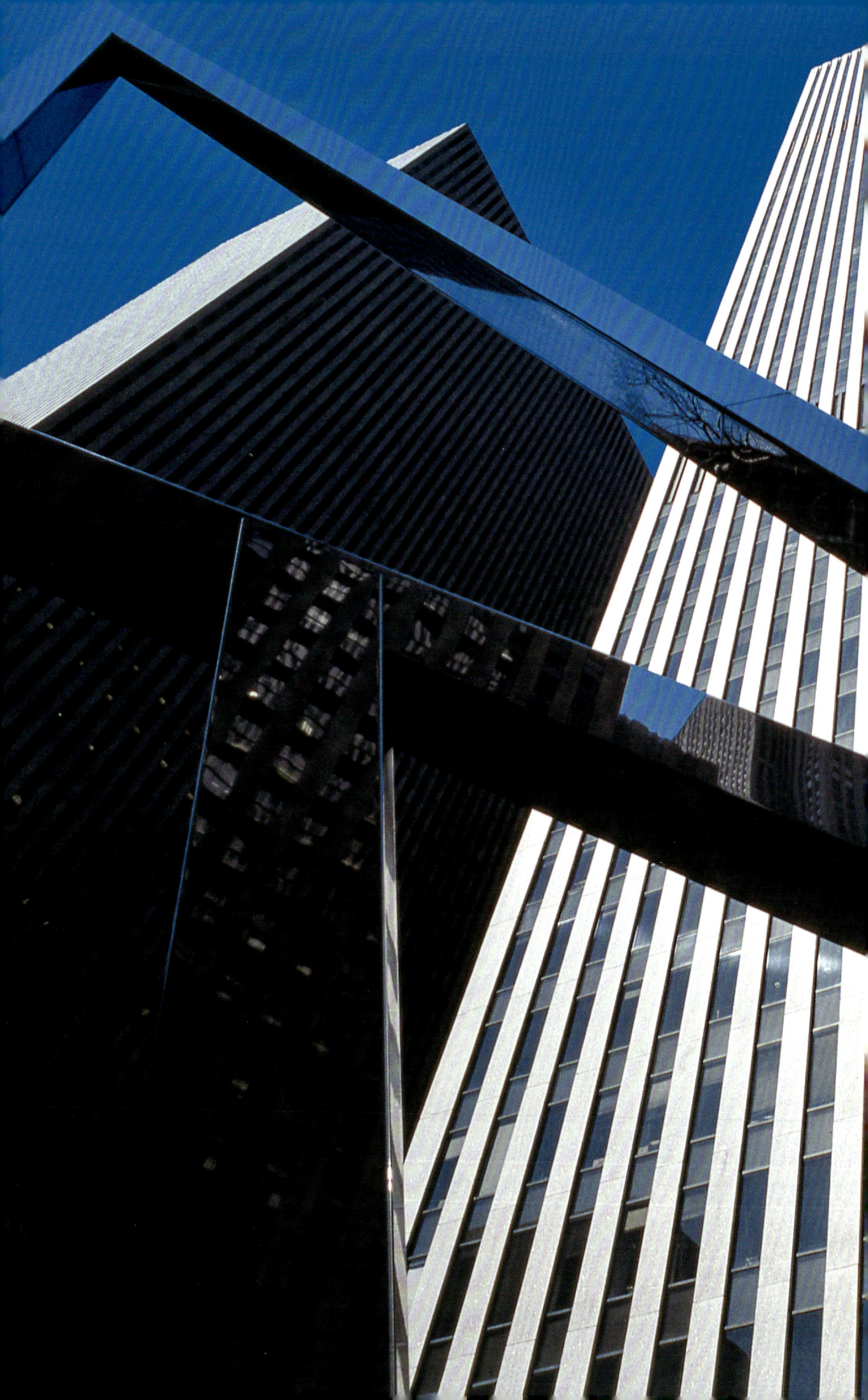

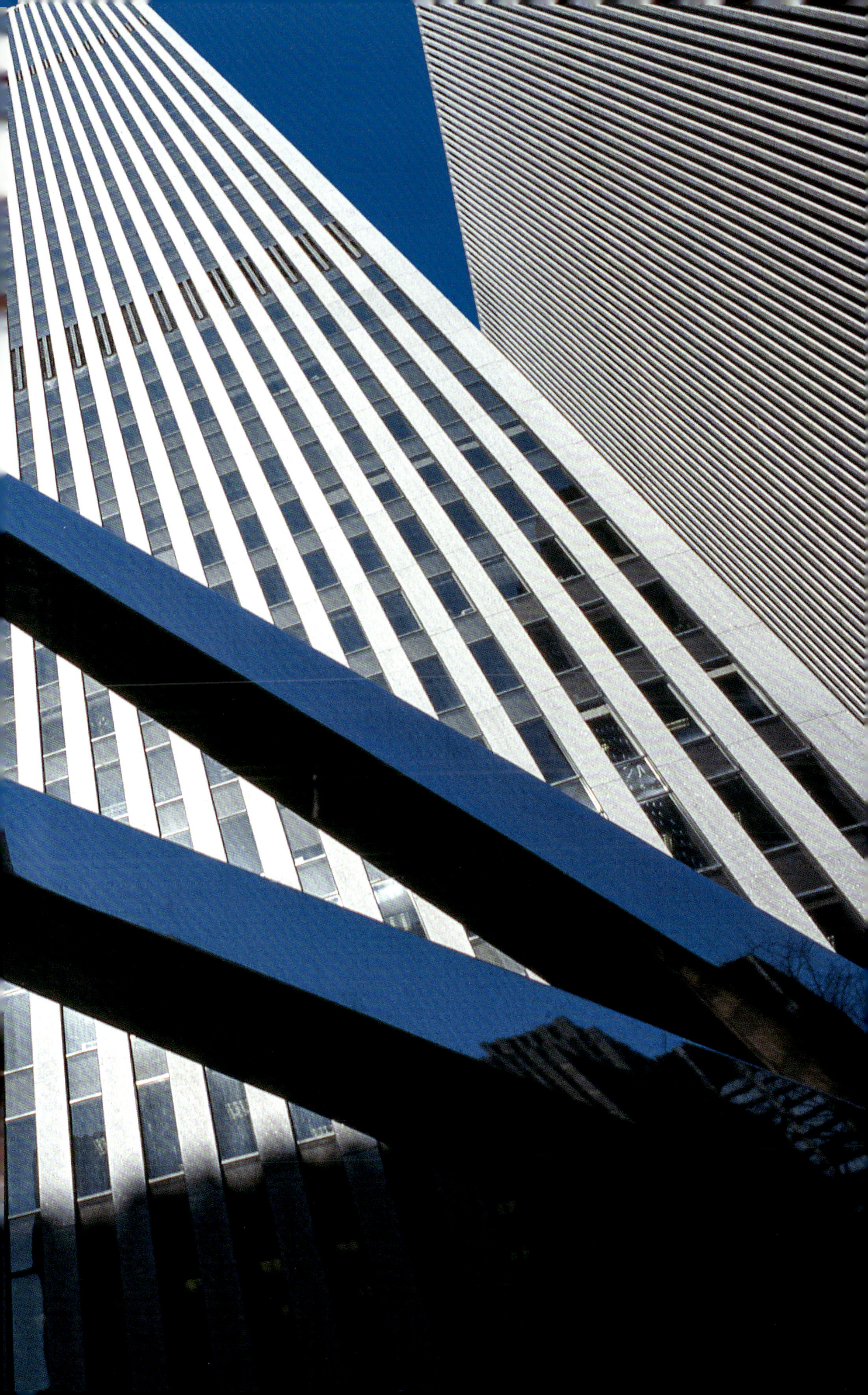

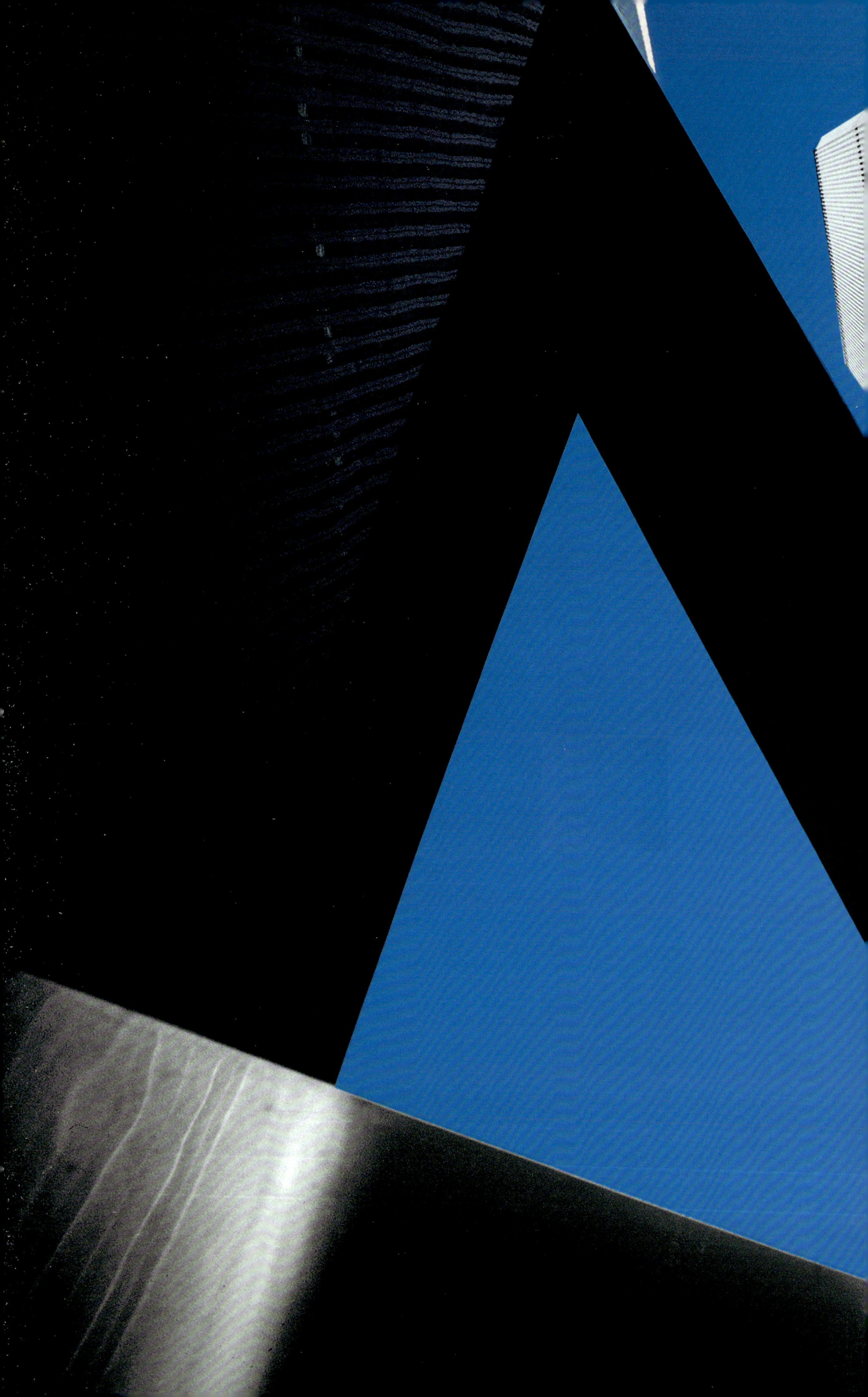

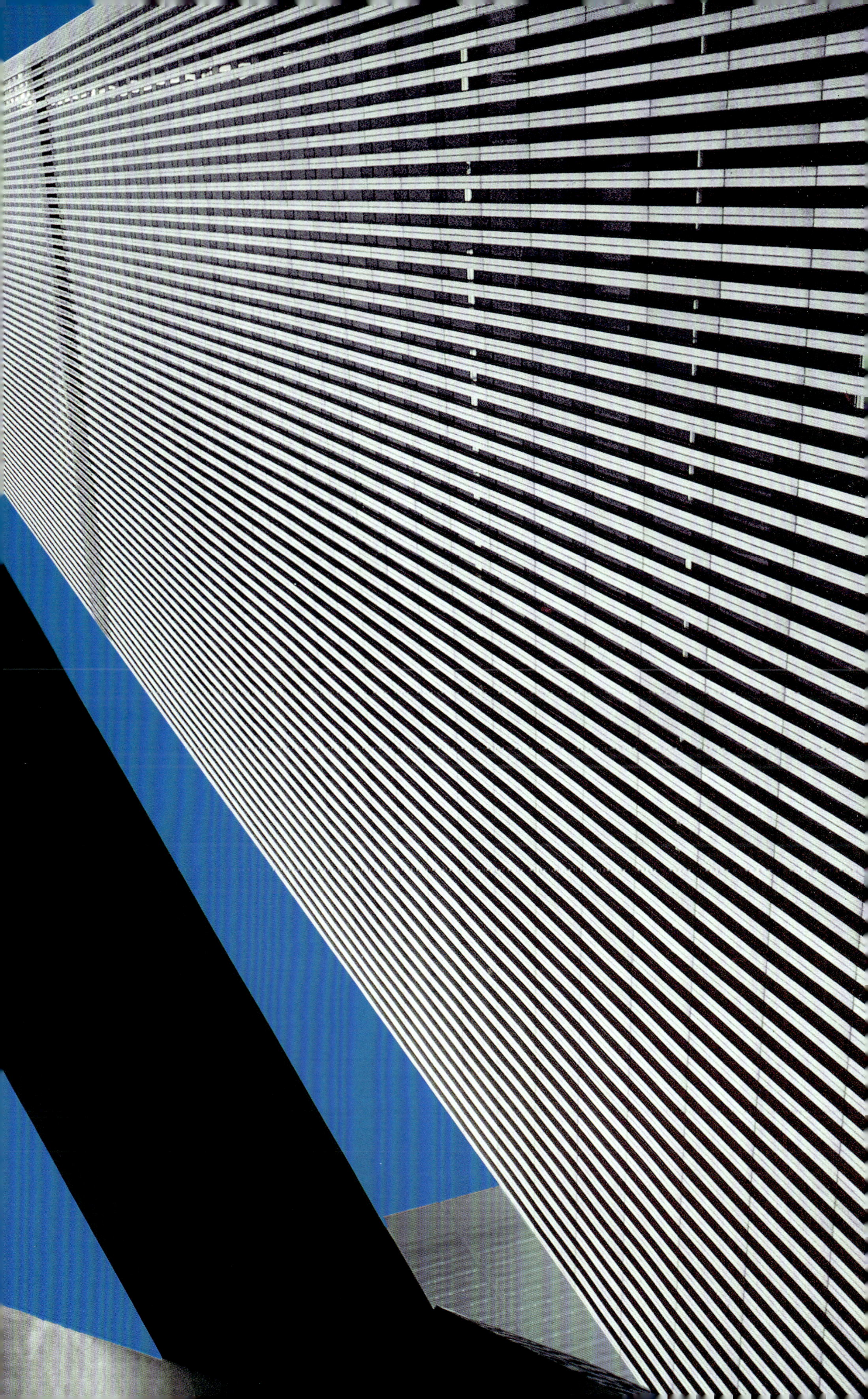

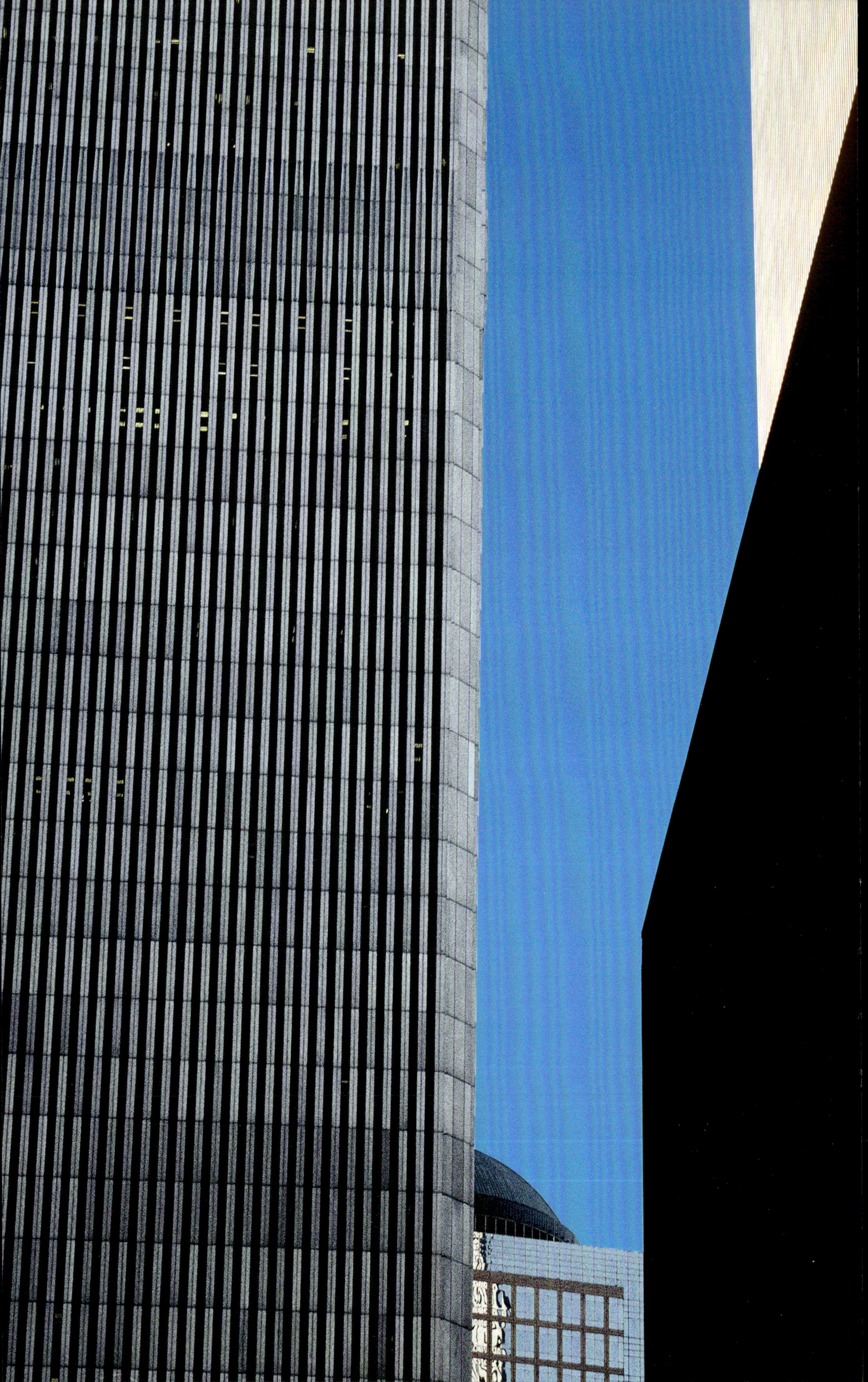

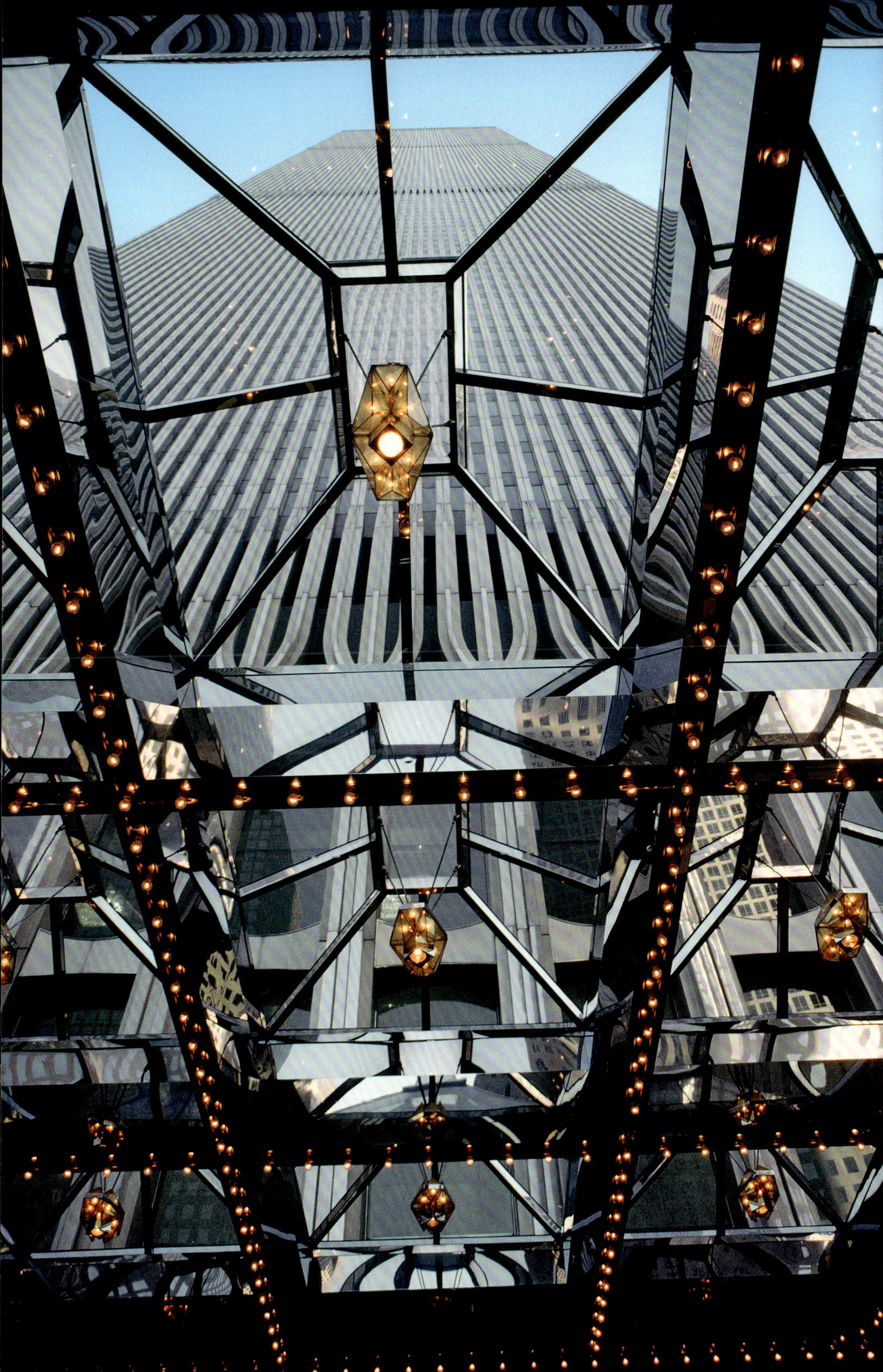

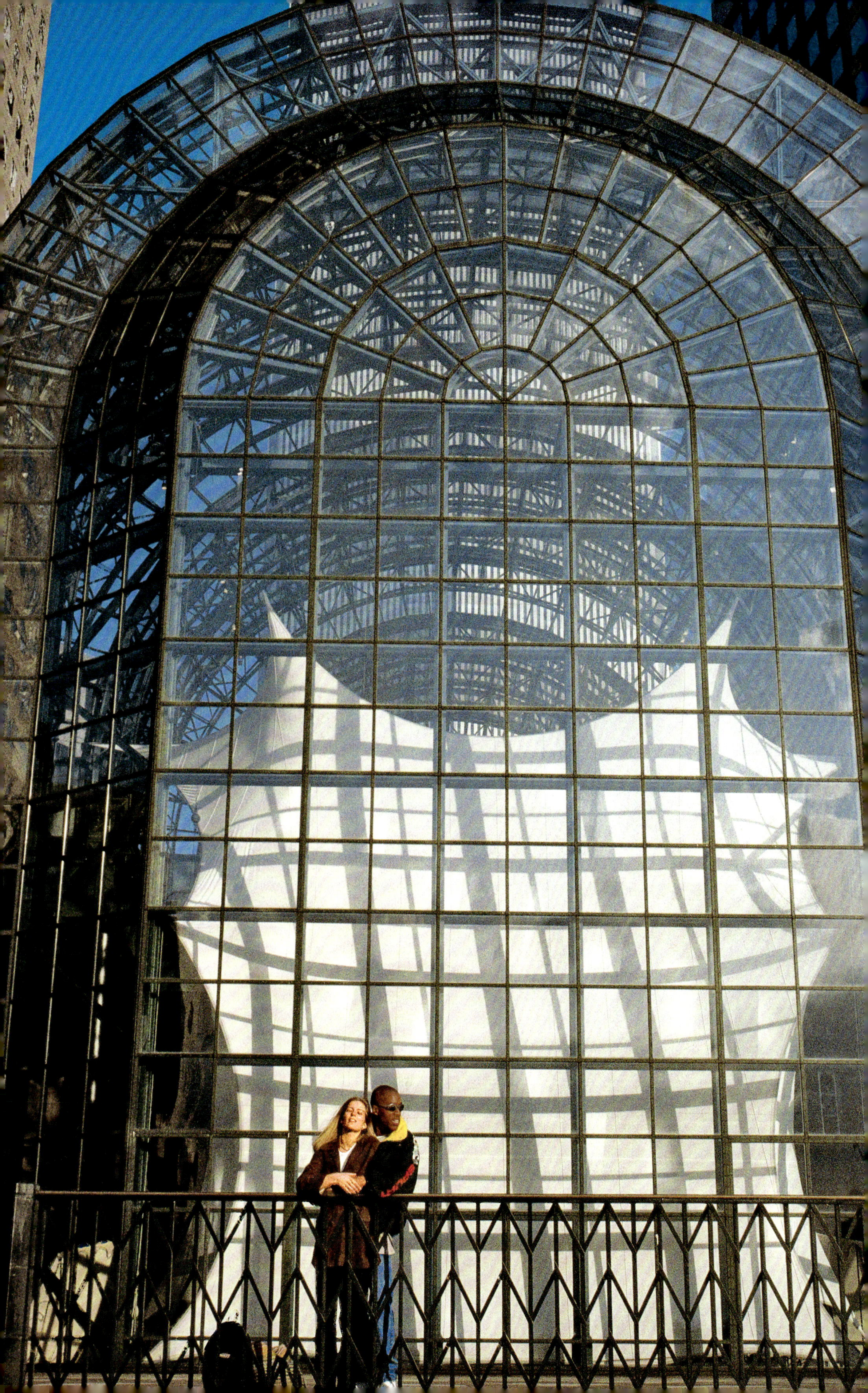

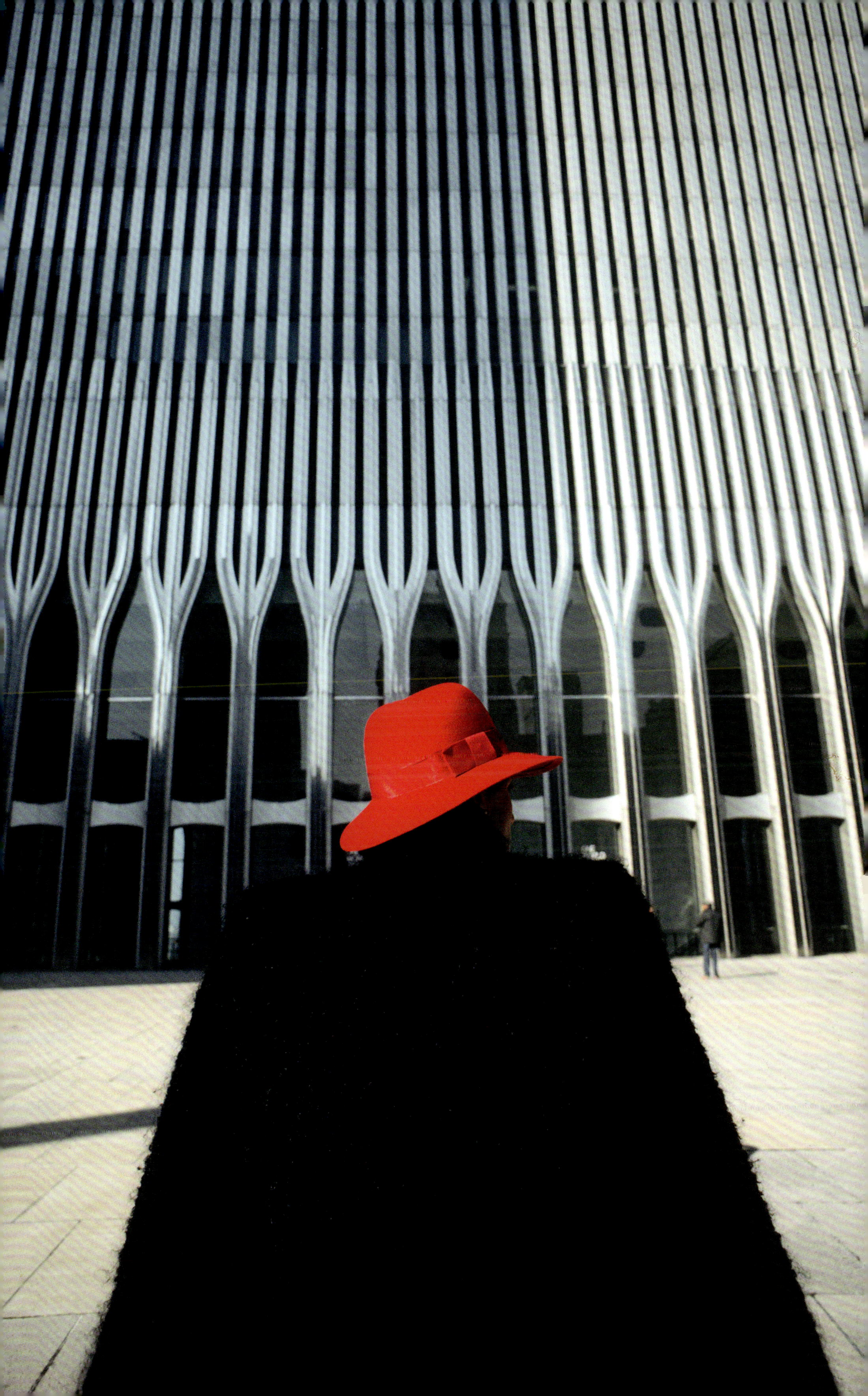

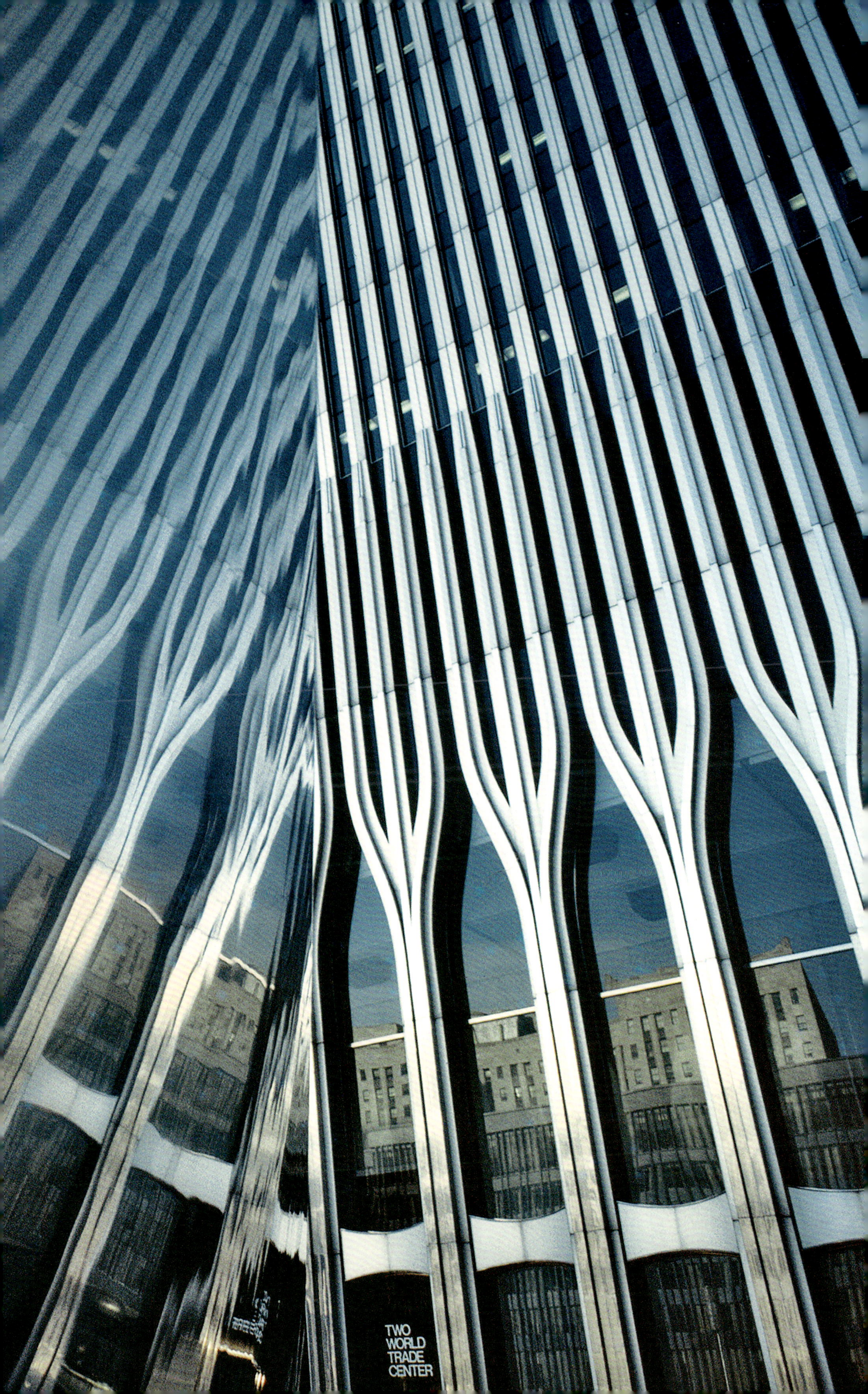
TWO
WORLD
TRADE
CENTER

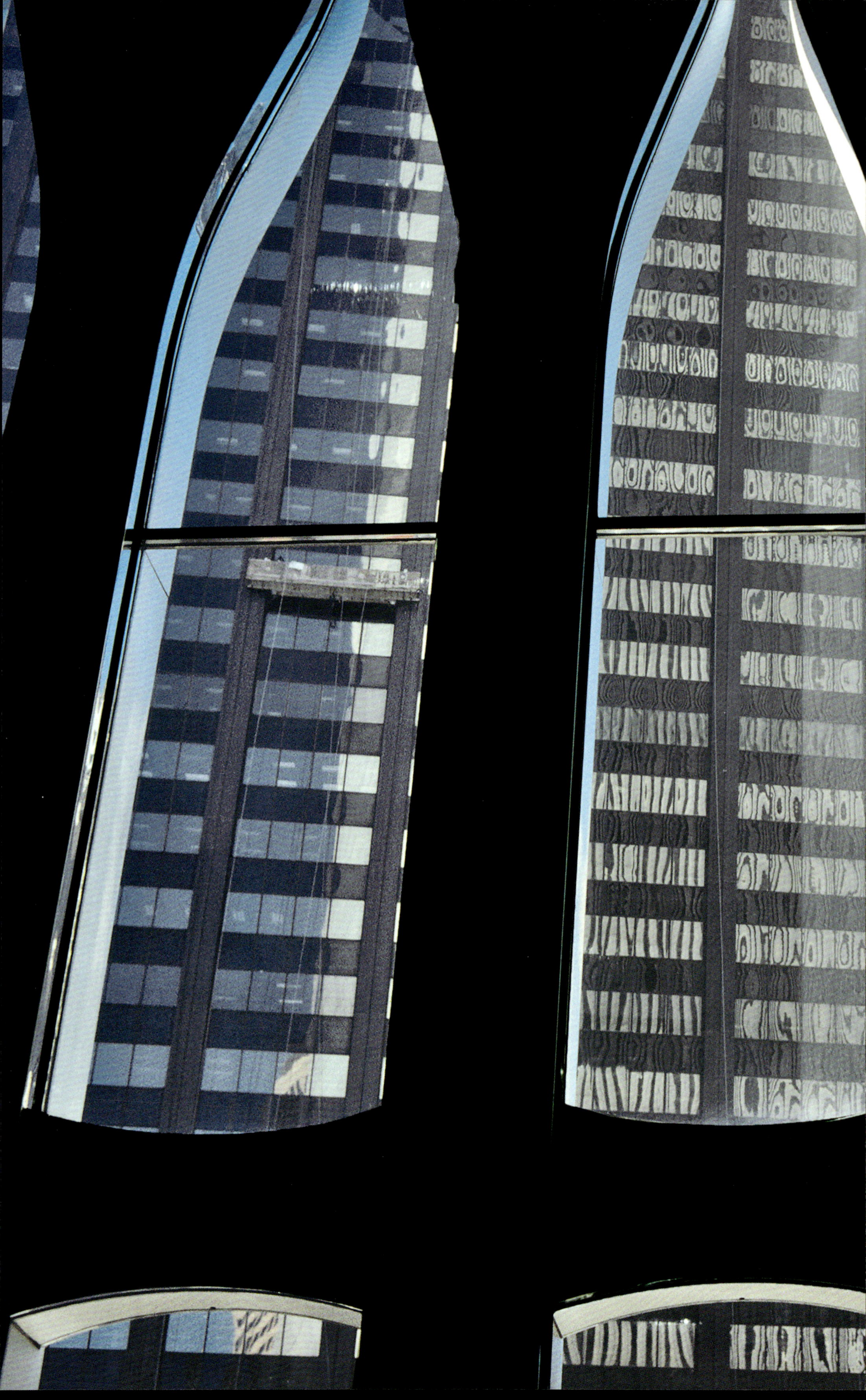

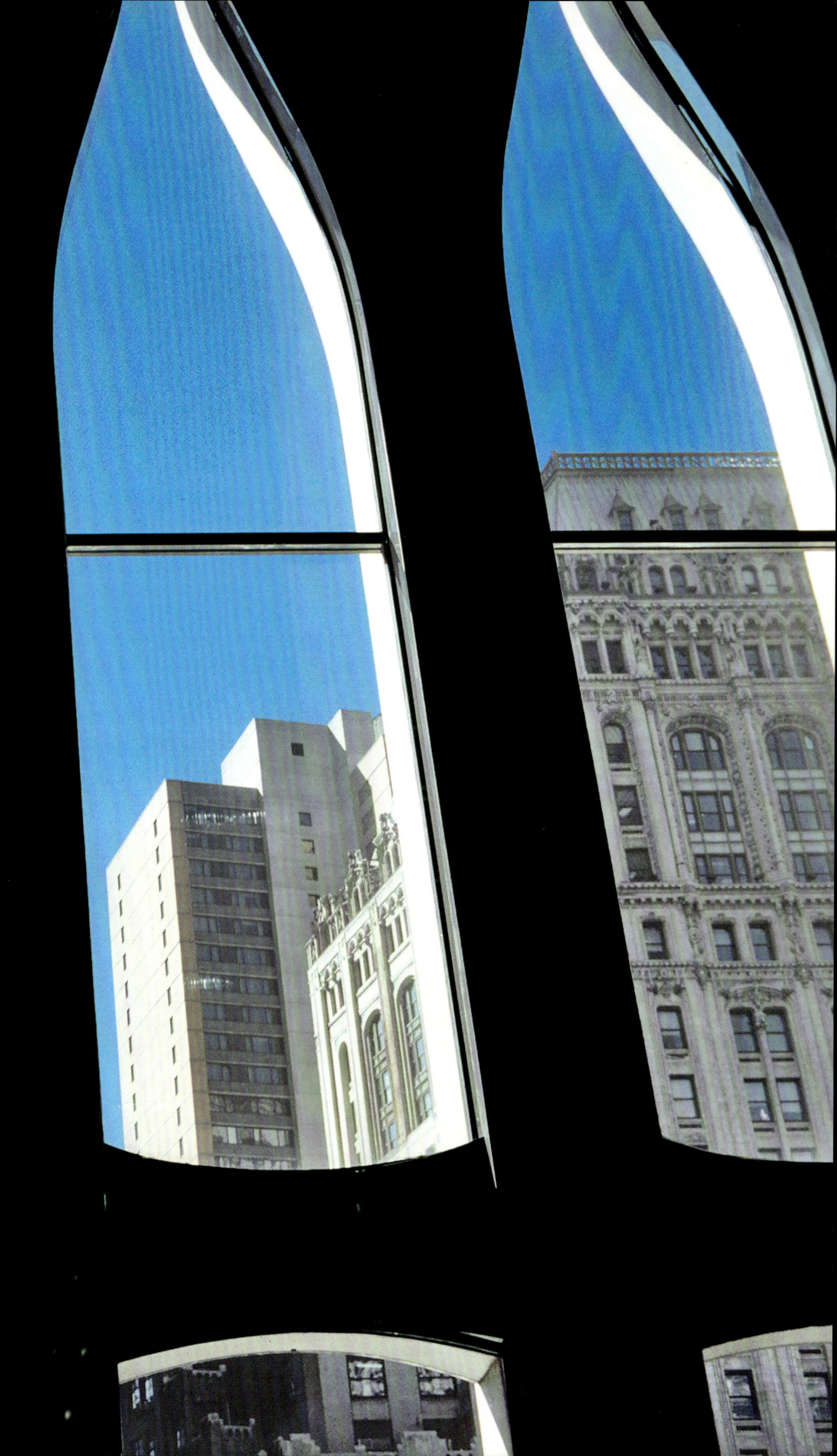

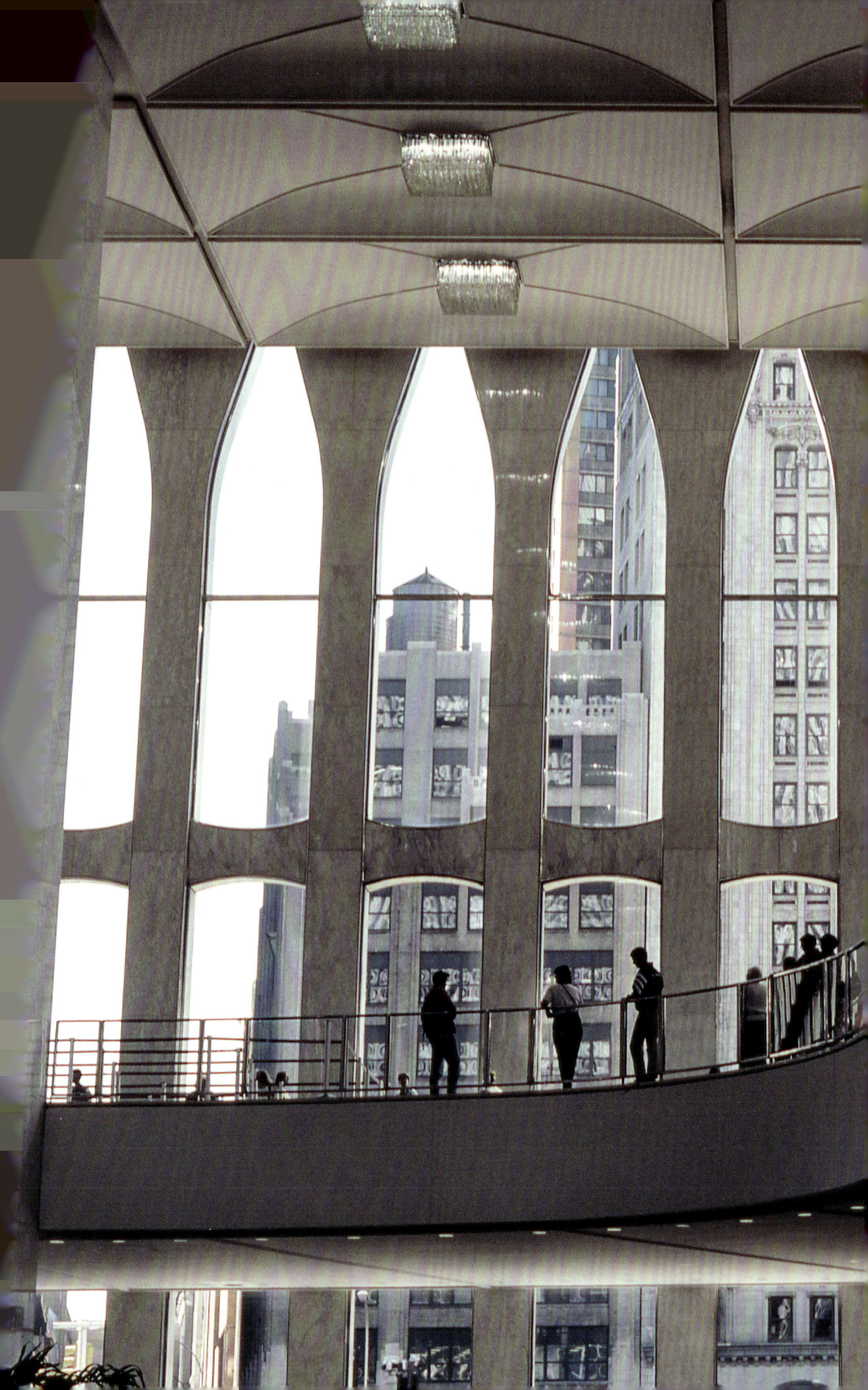

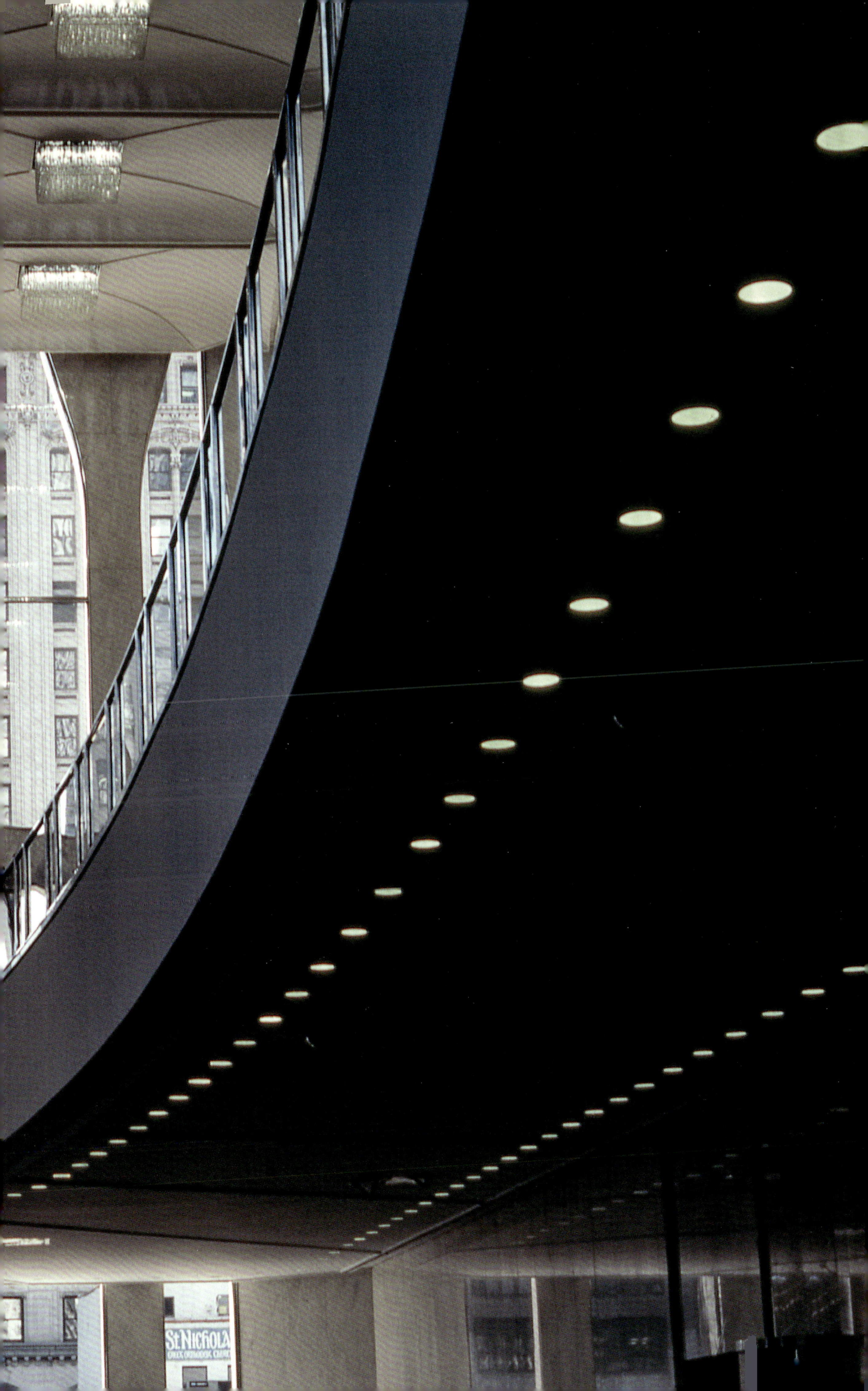
StNichola

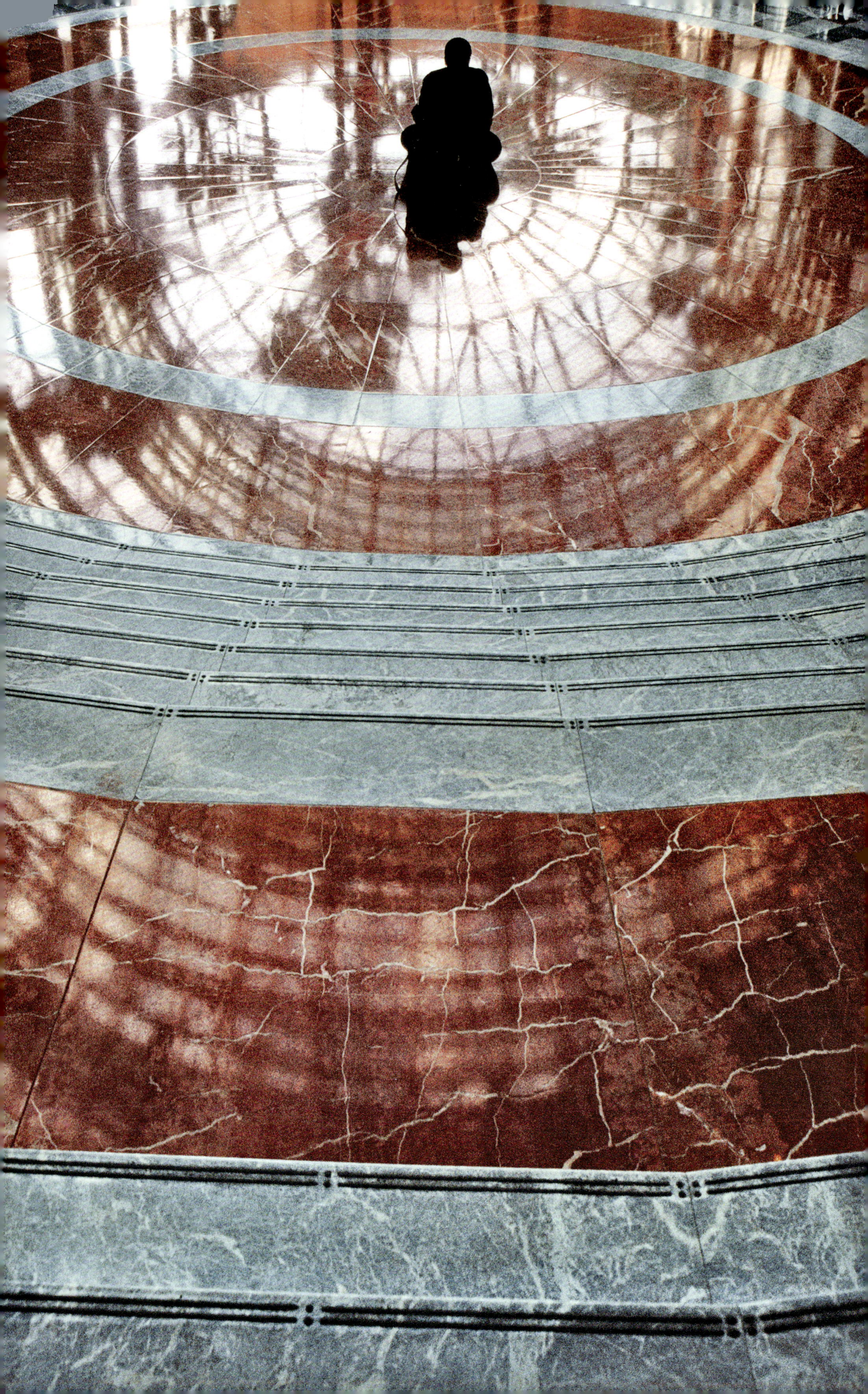

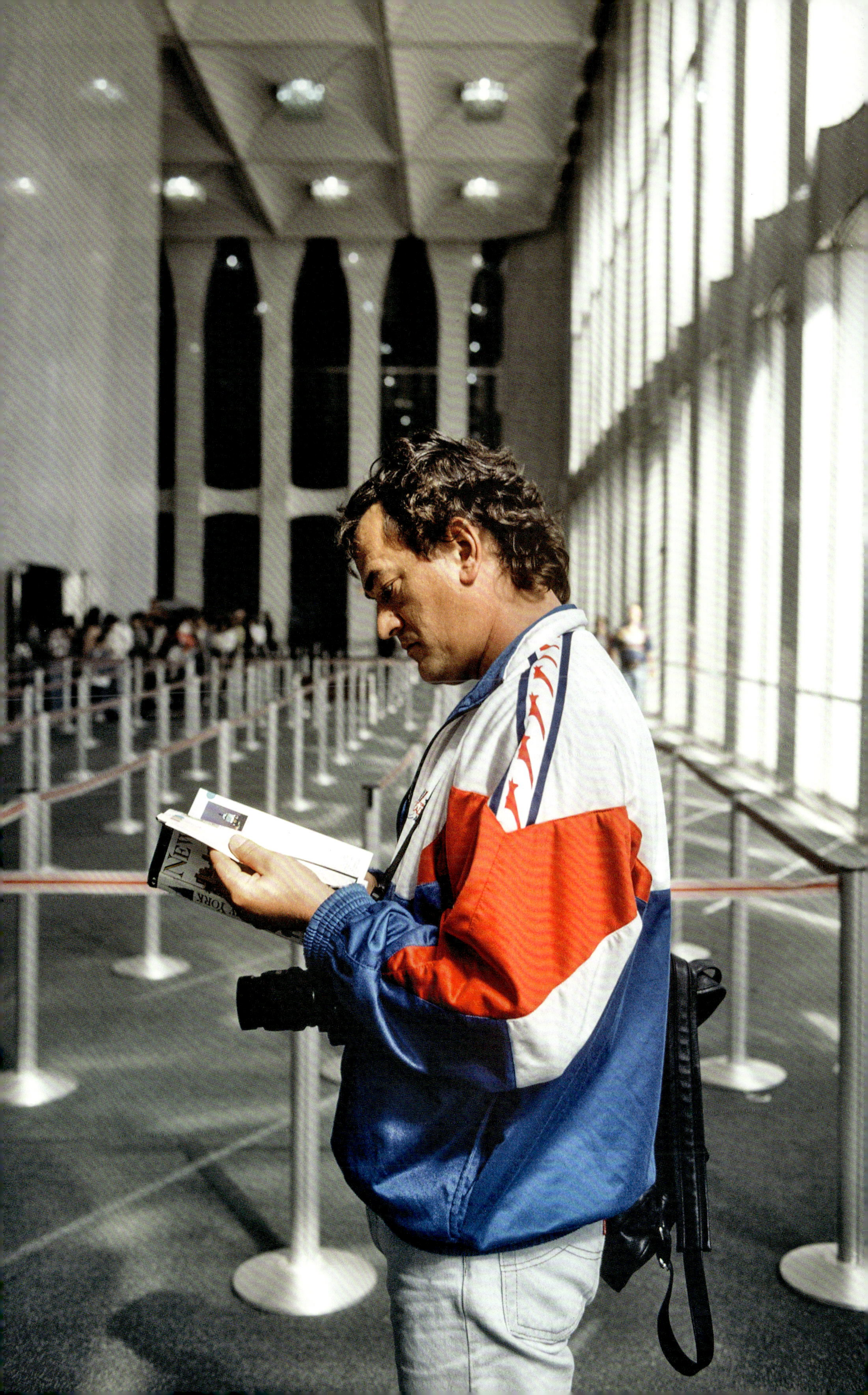

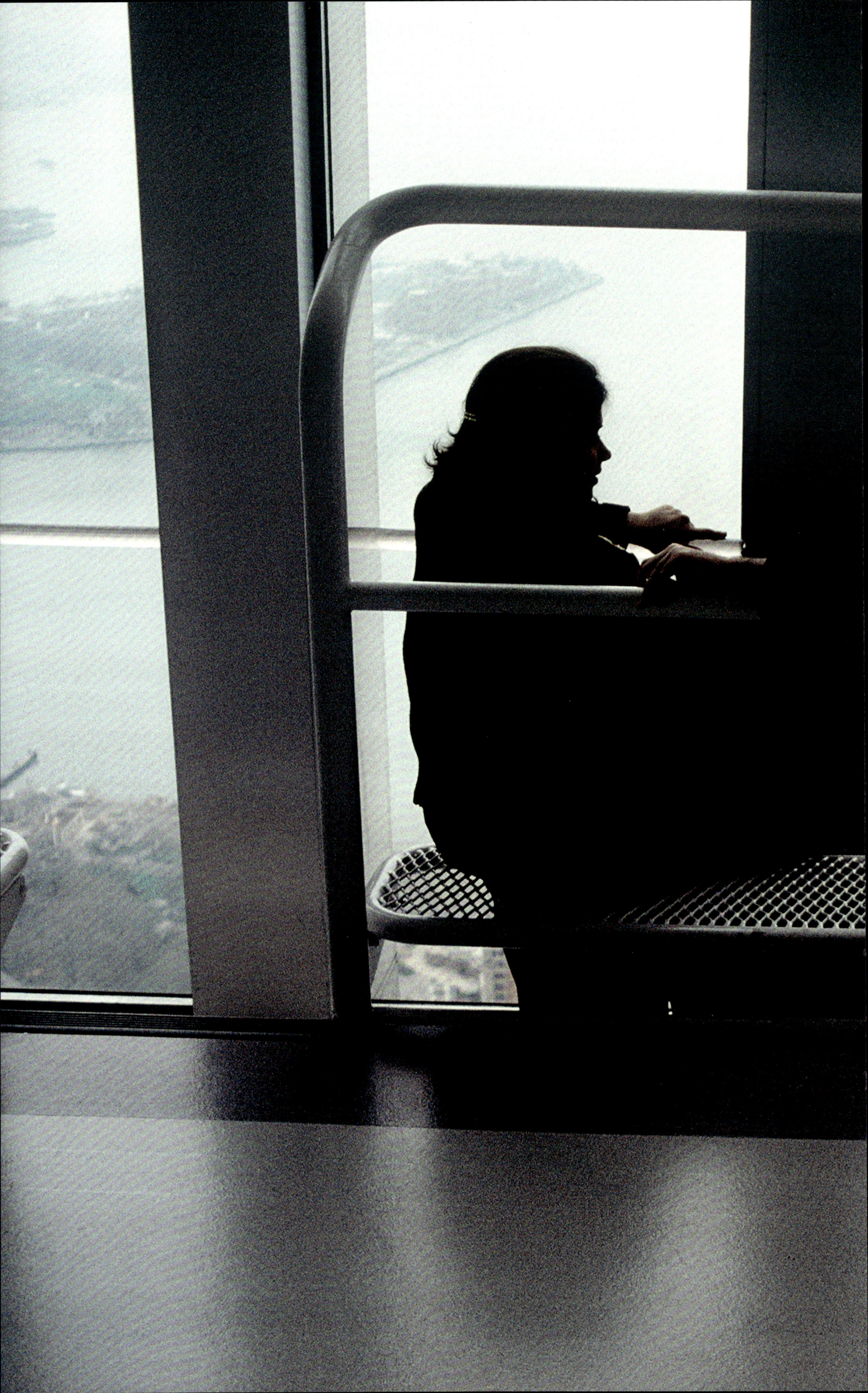

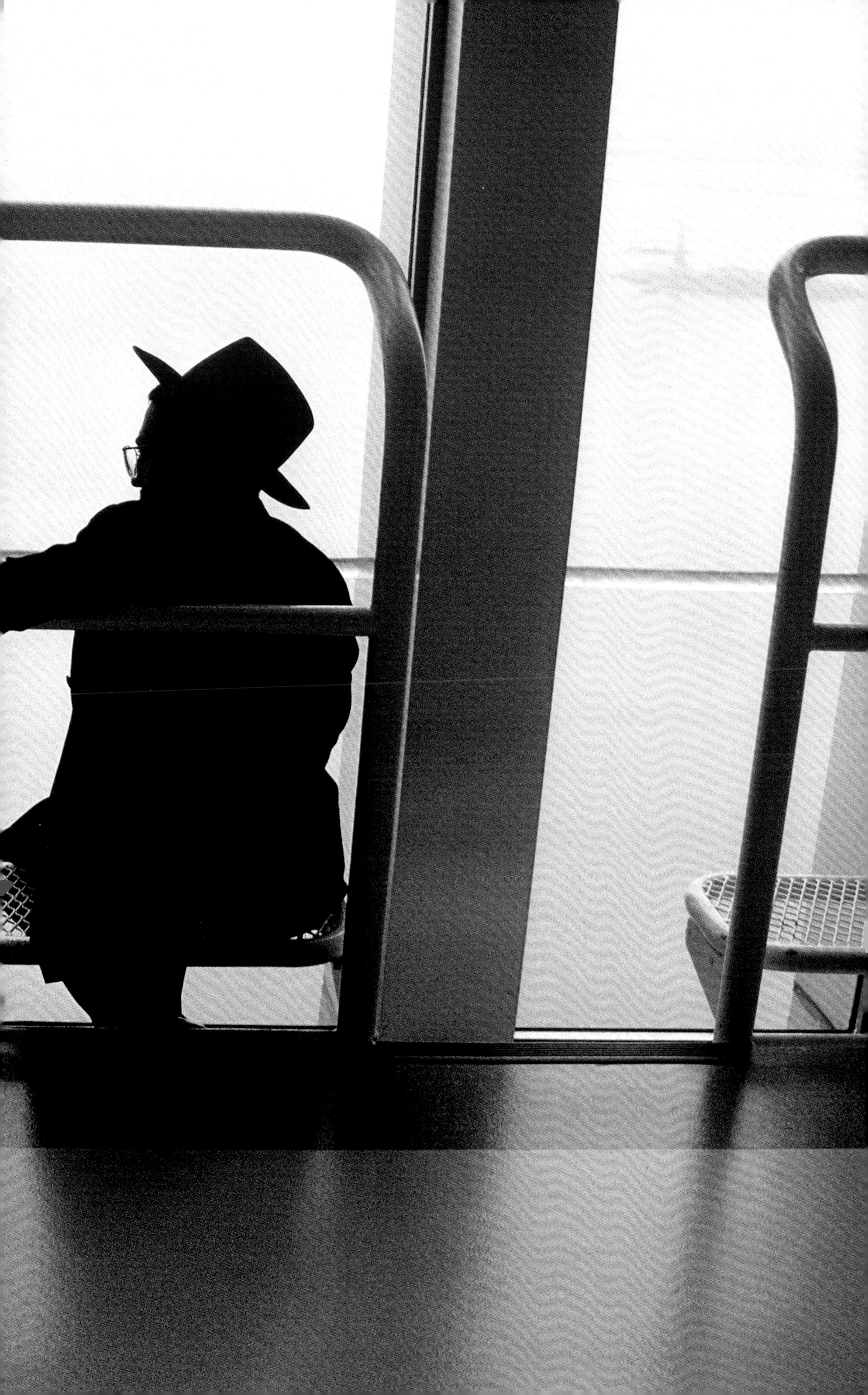

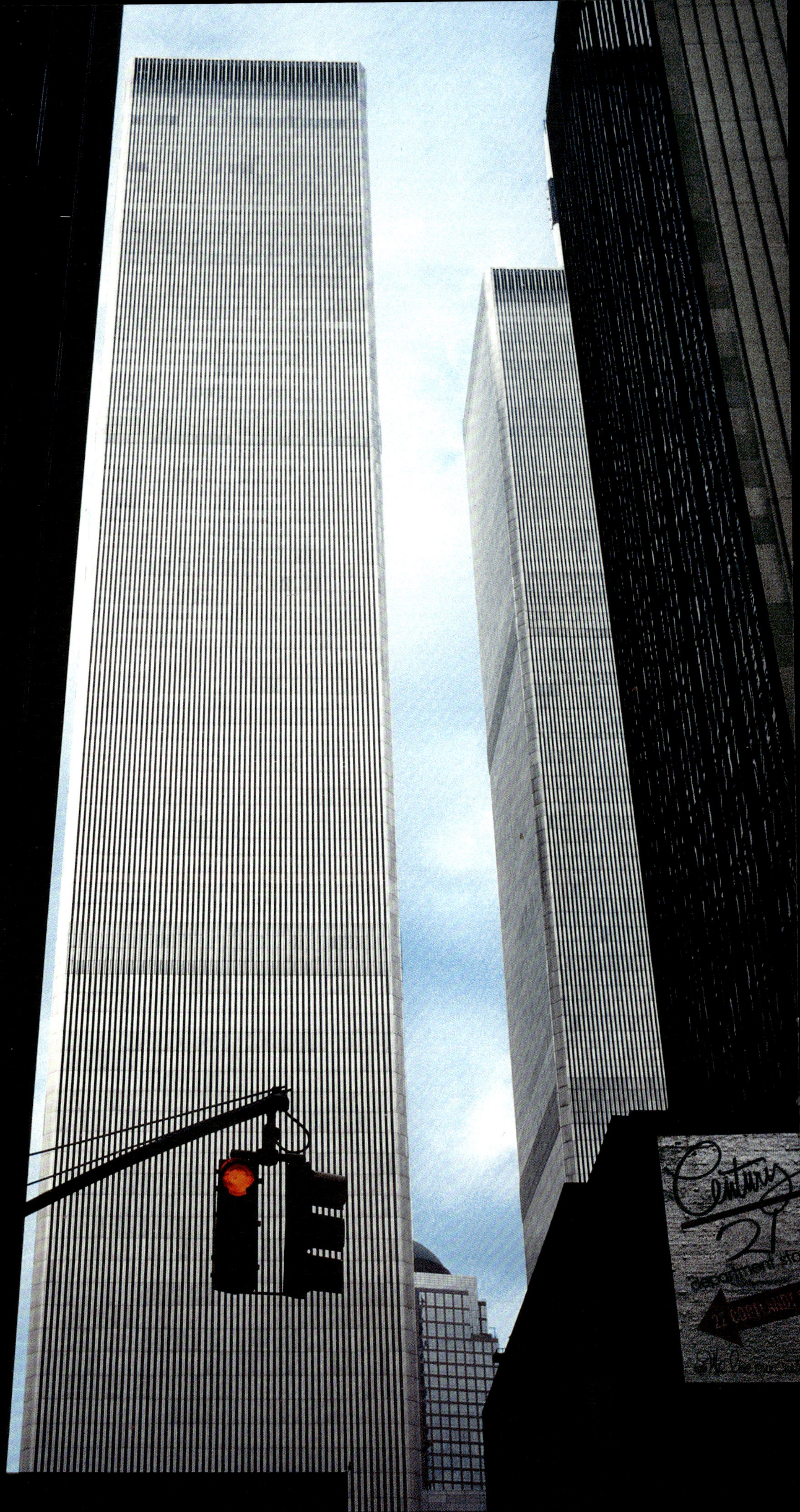
21
department

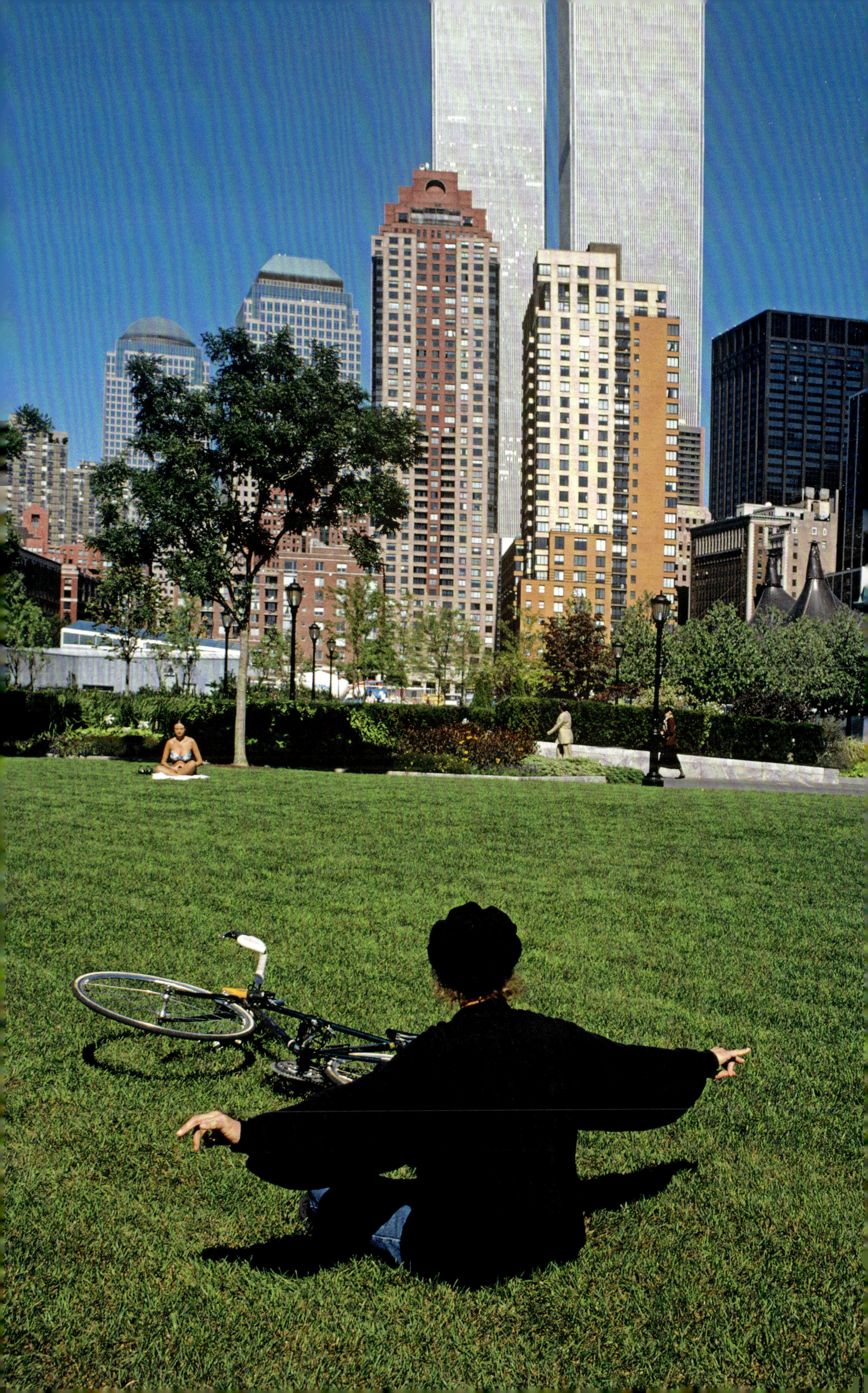

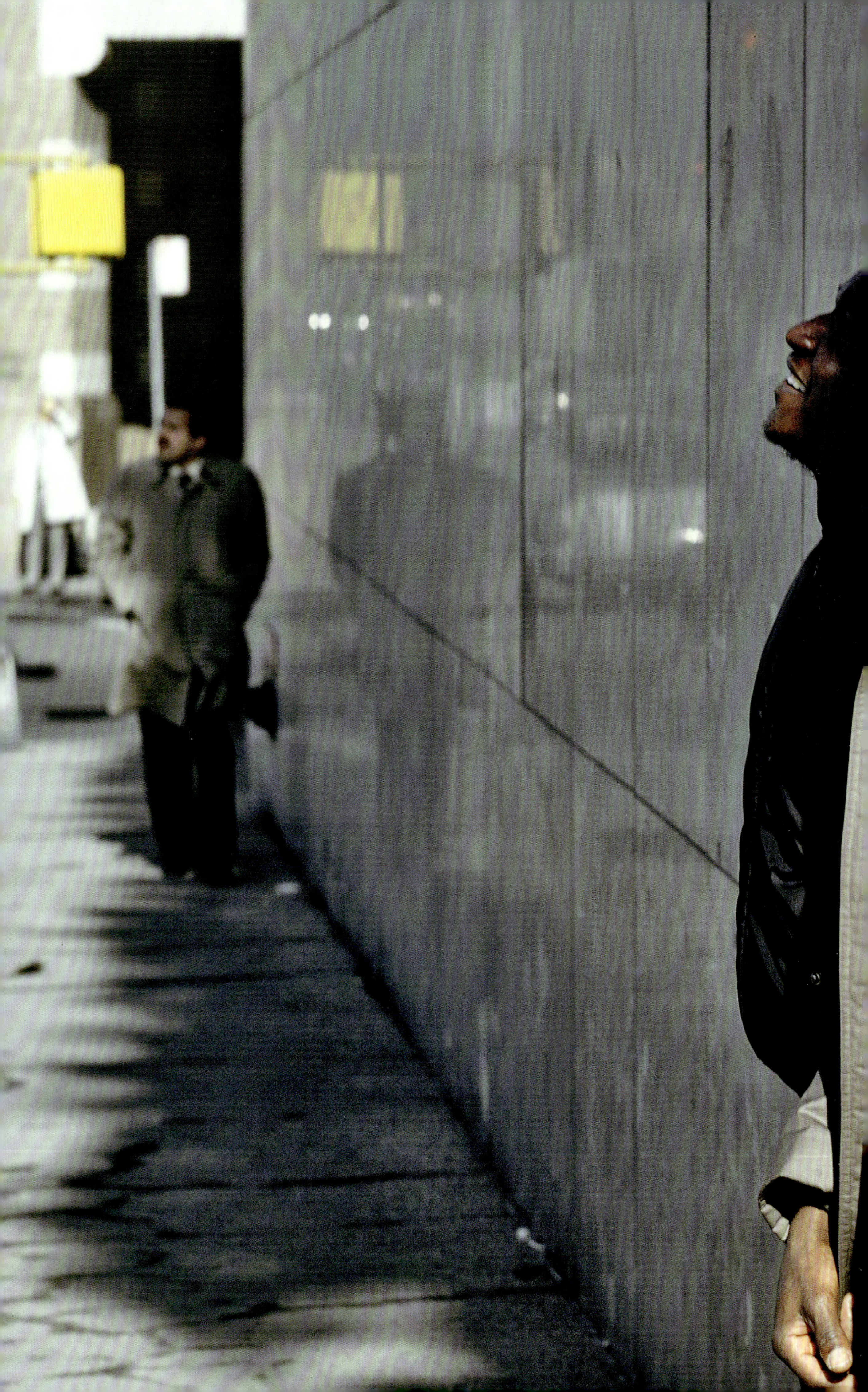

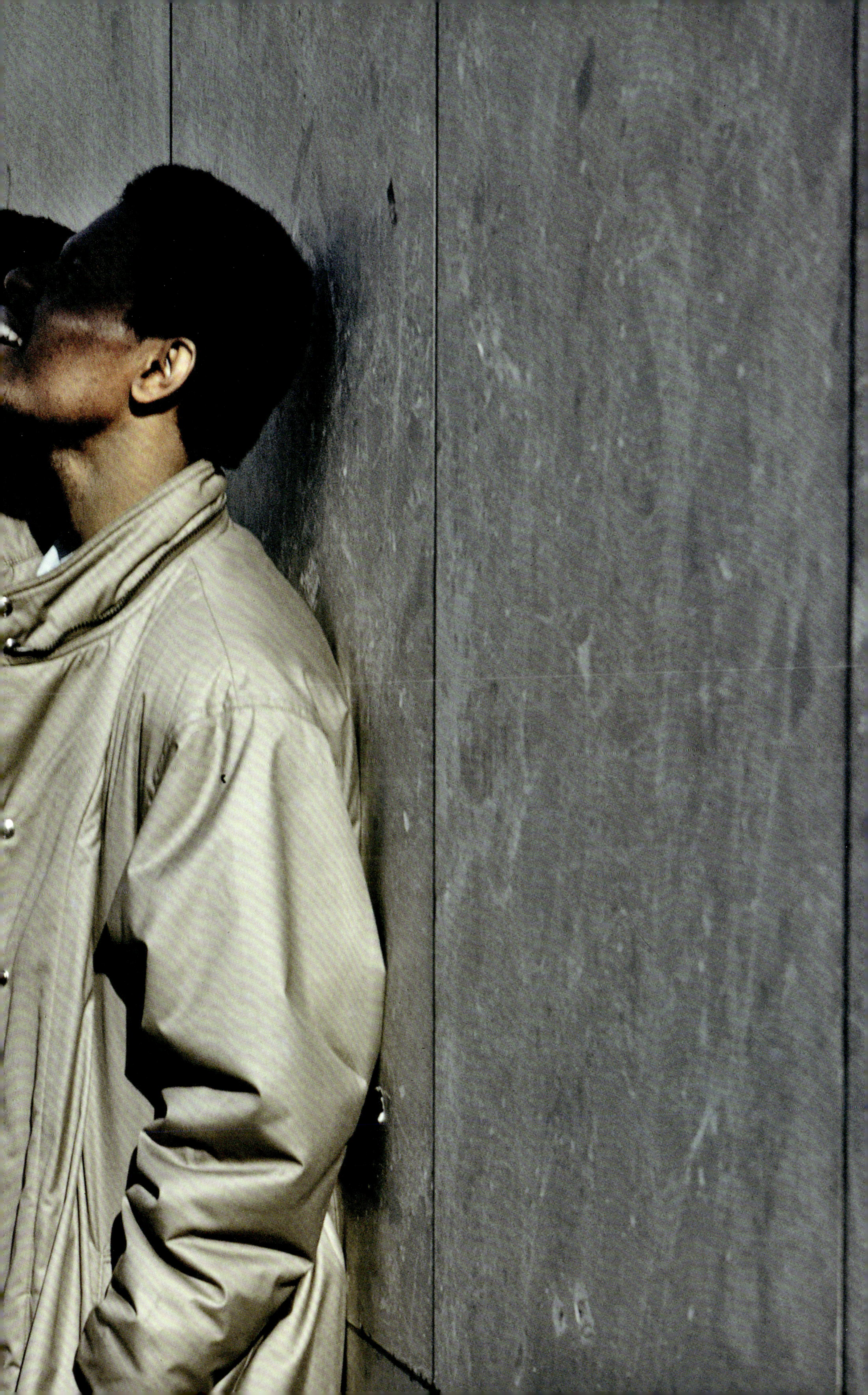

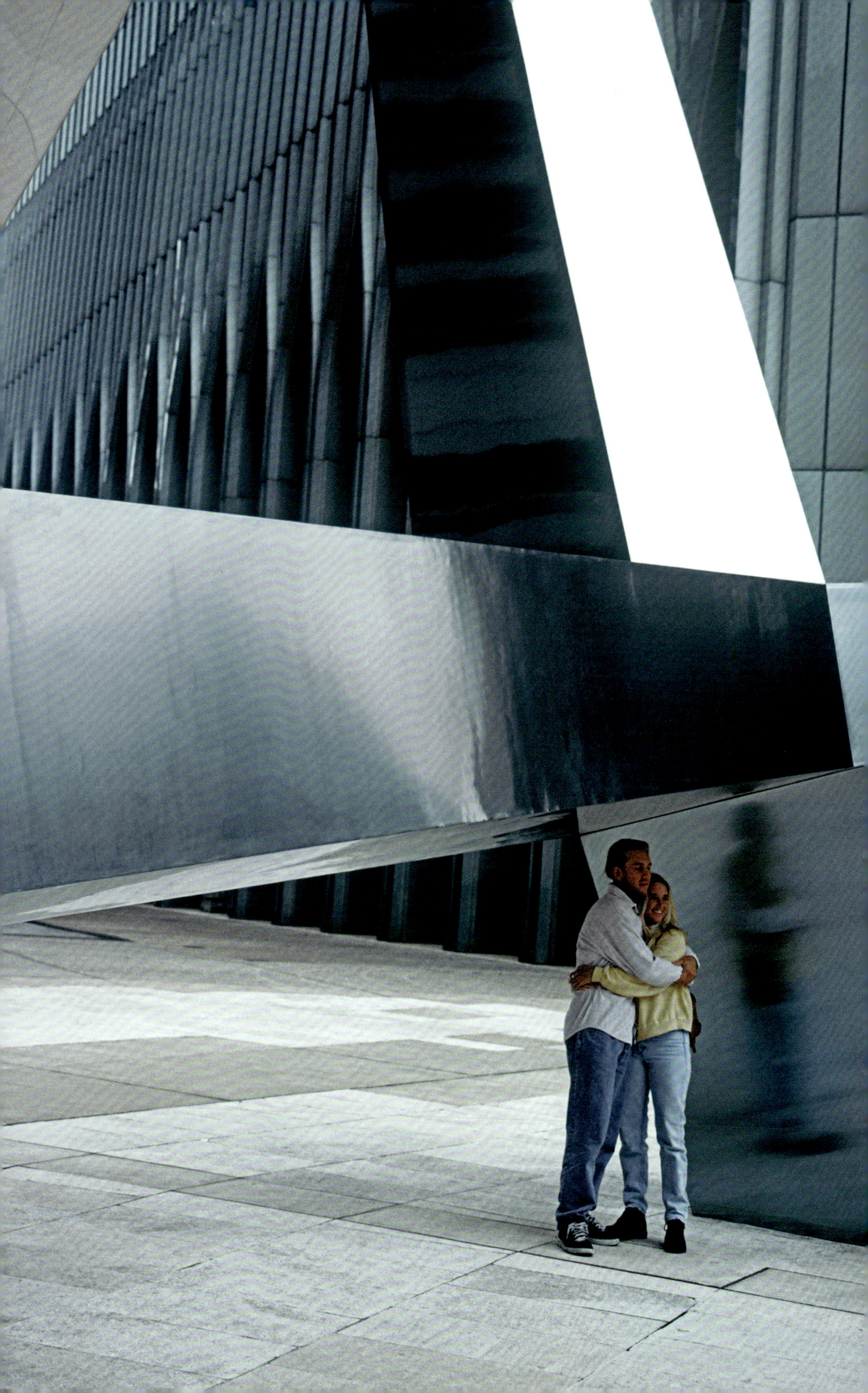

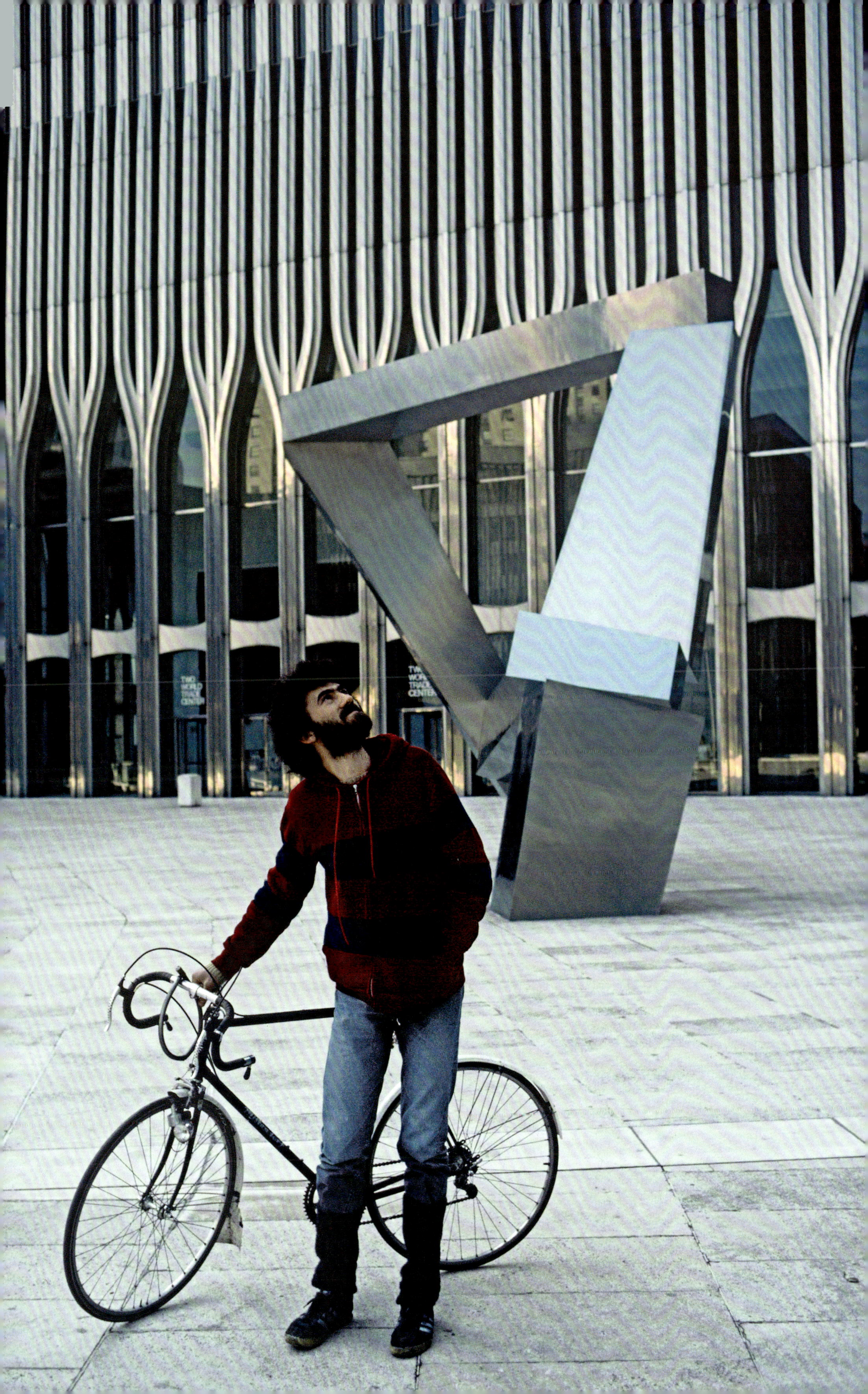

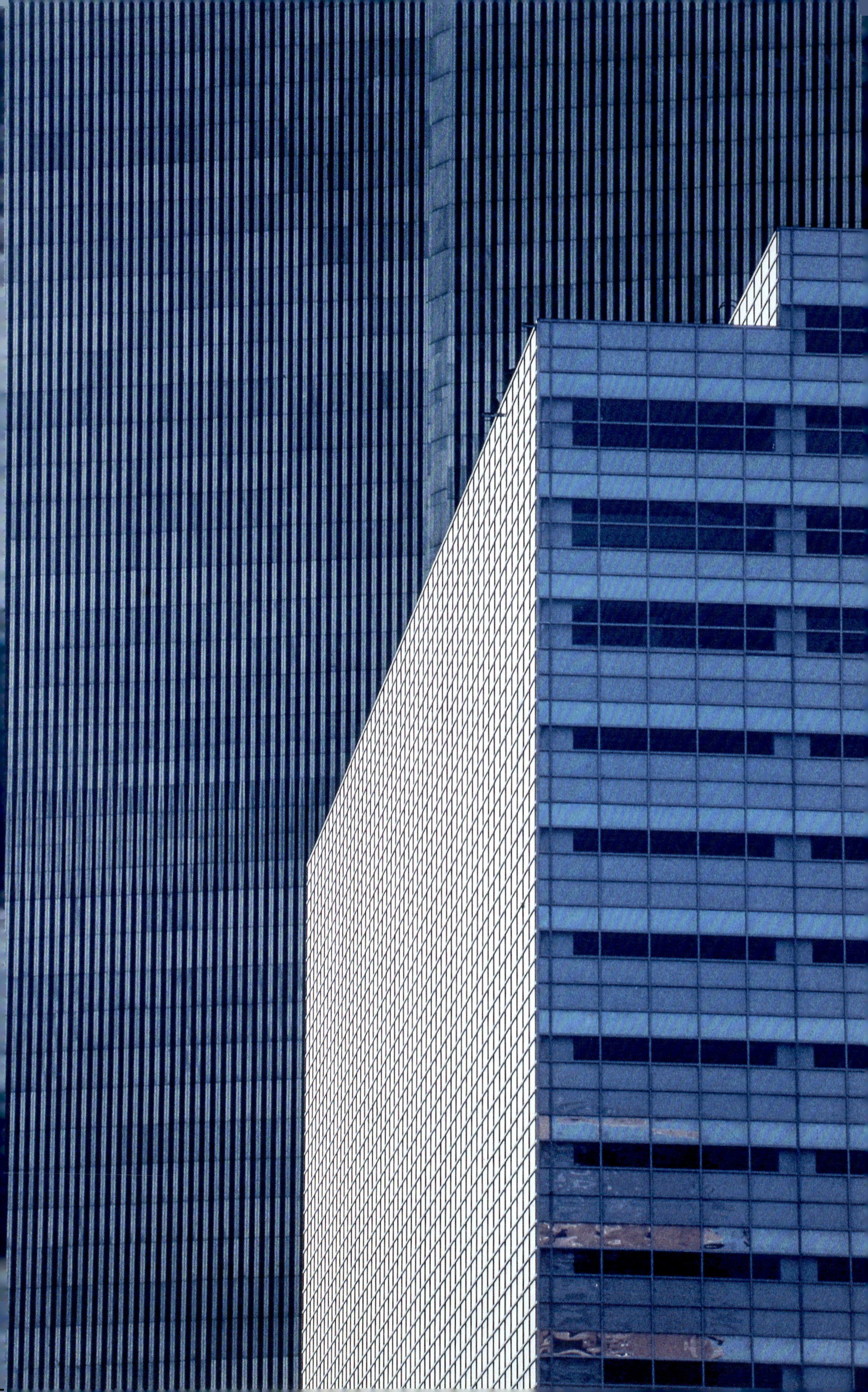

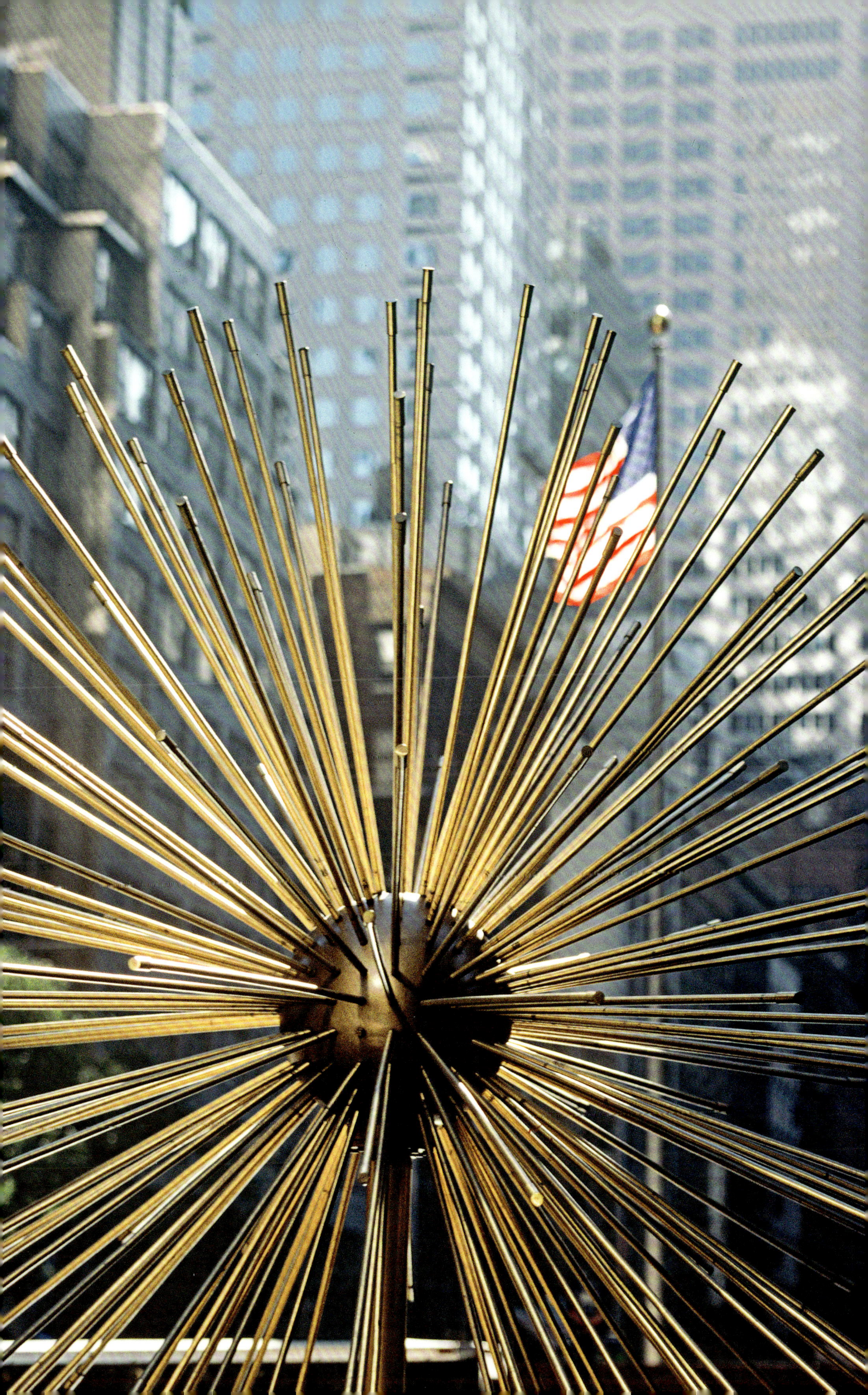

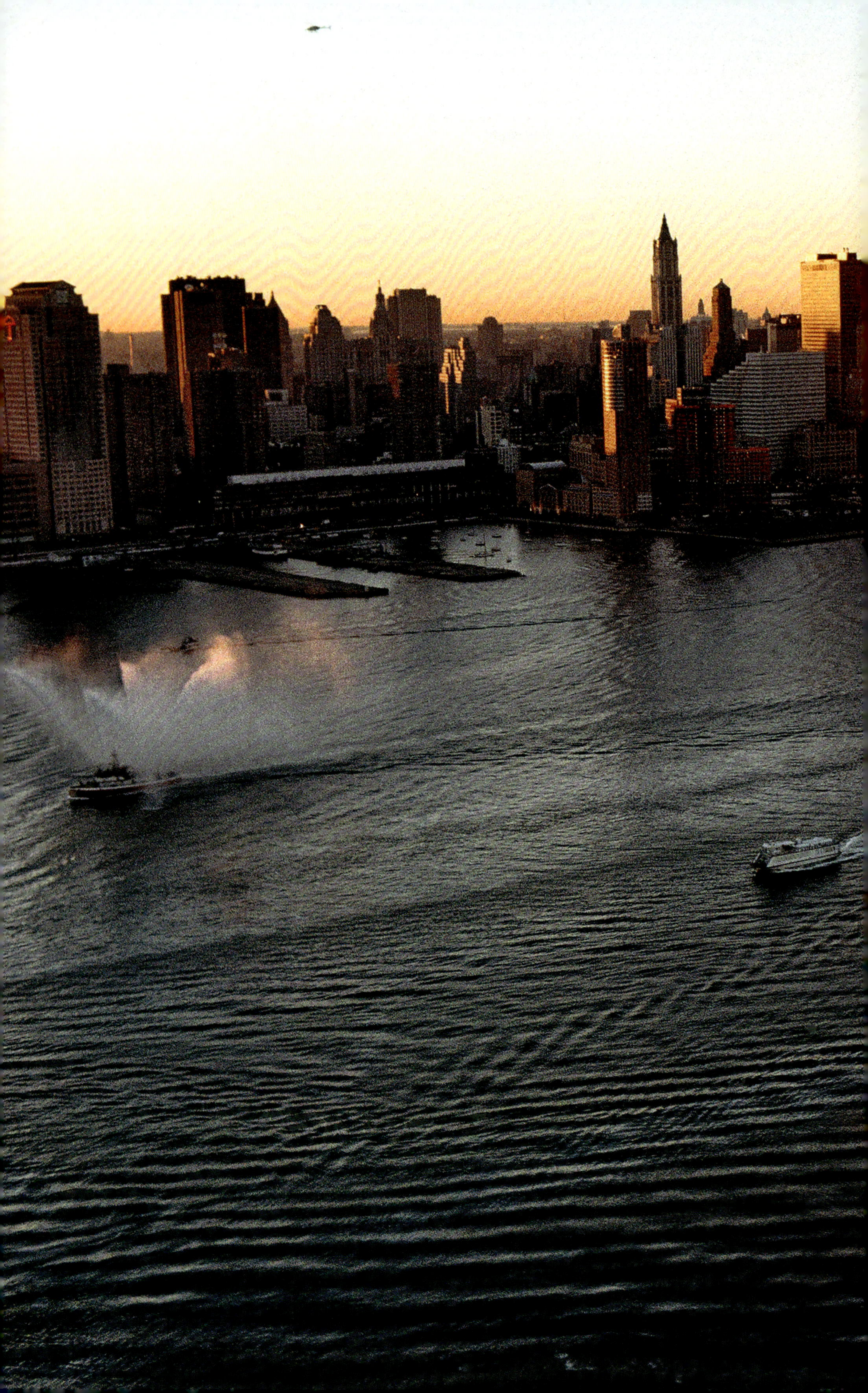

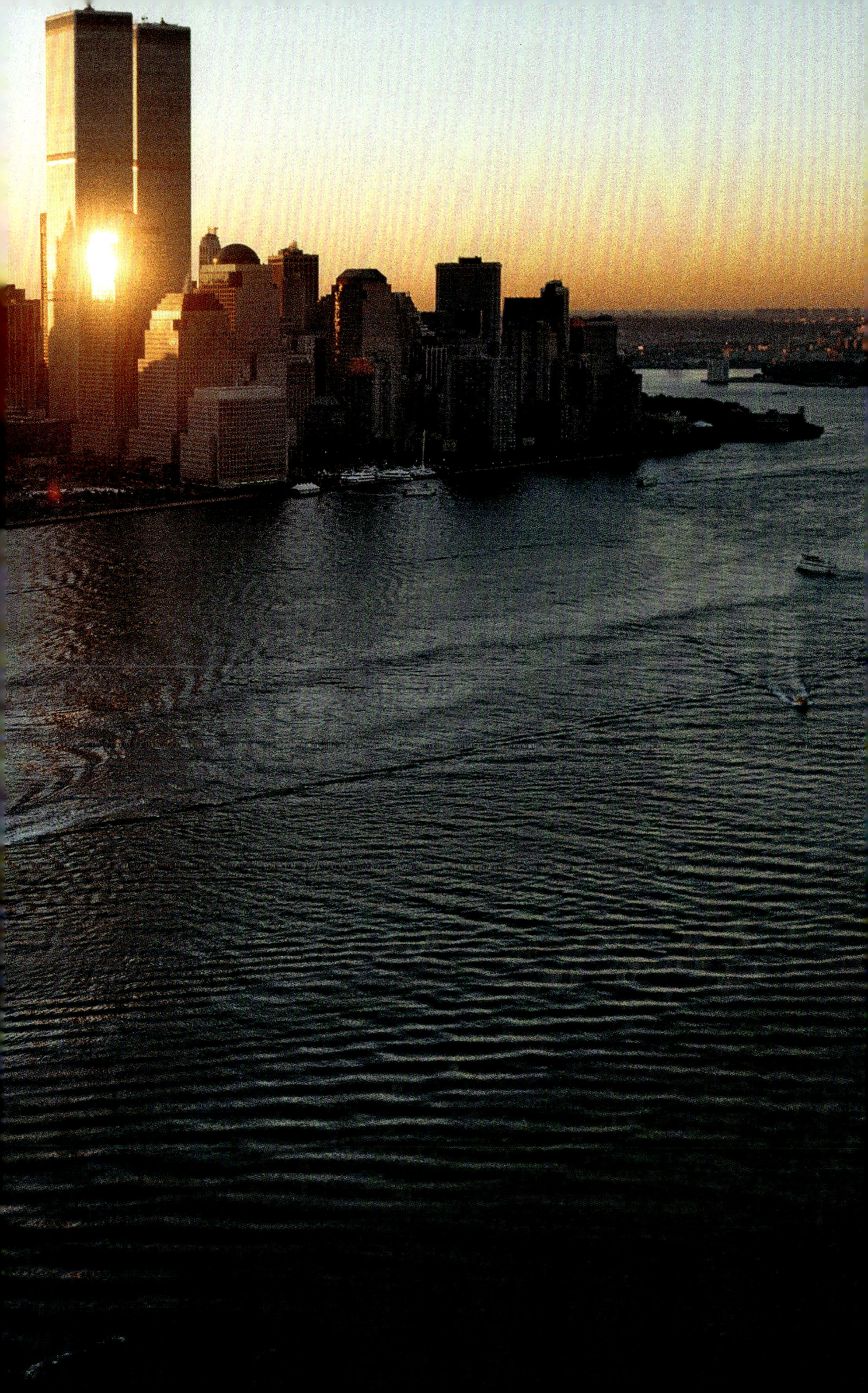

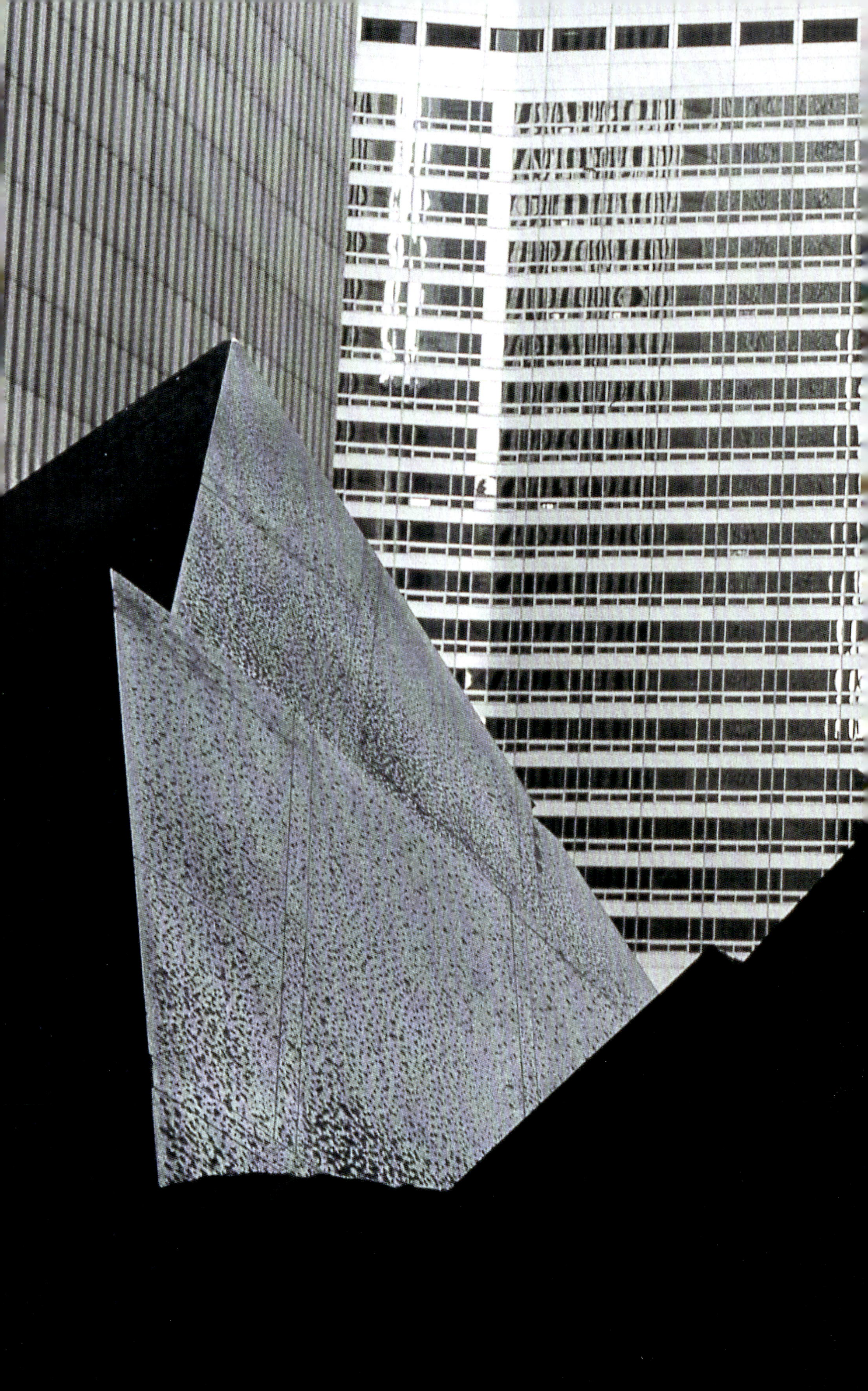

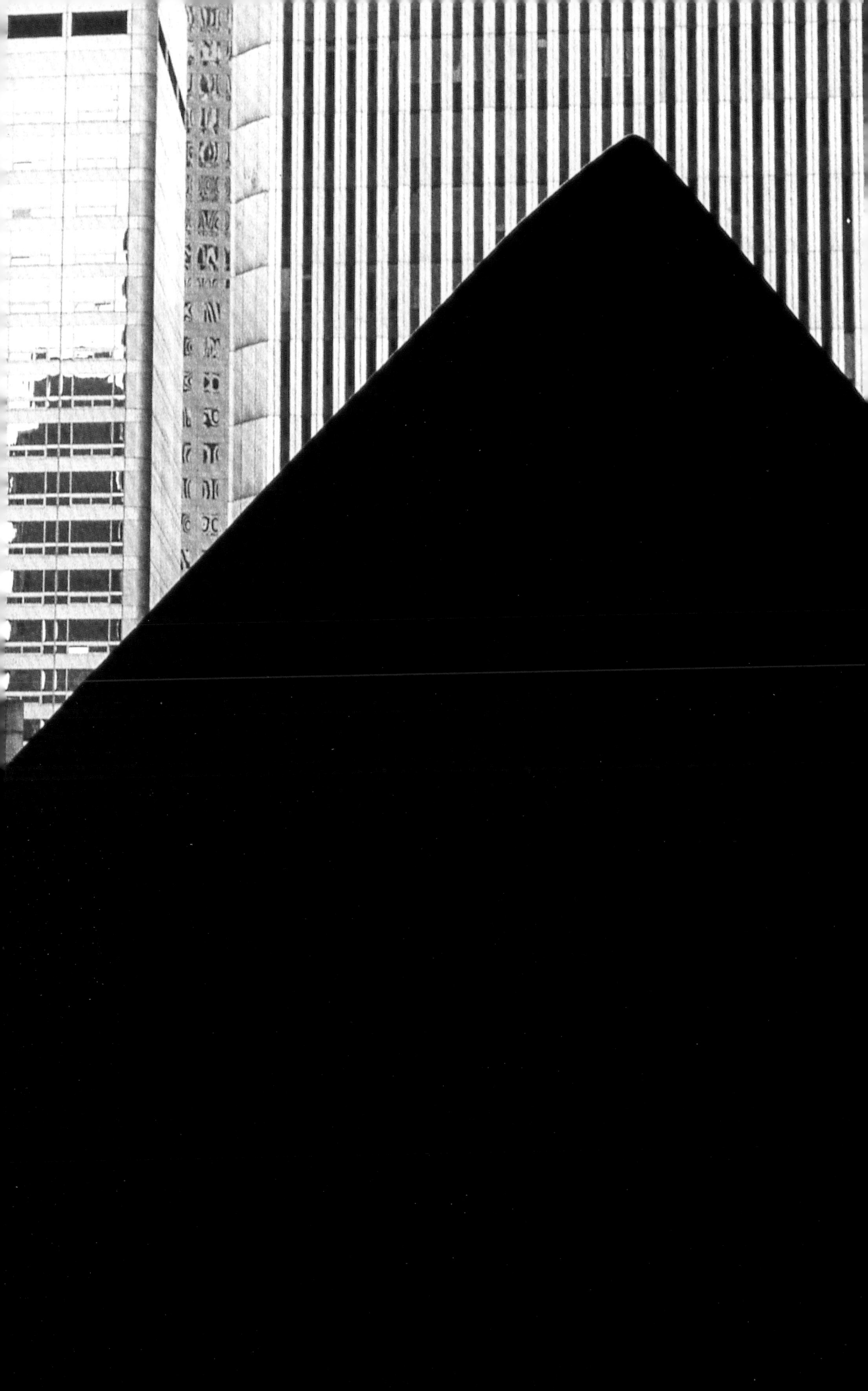

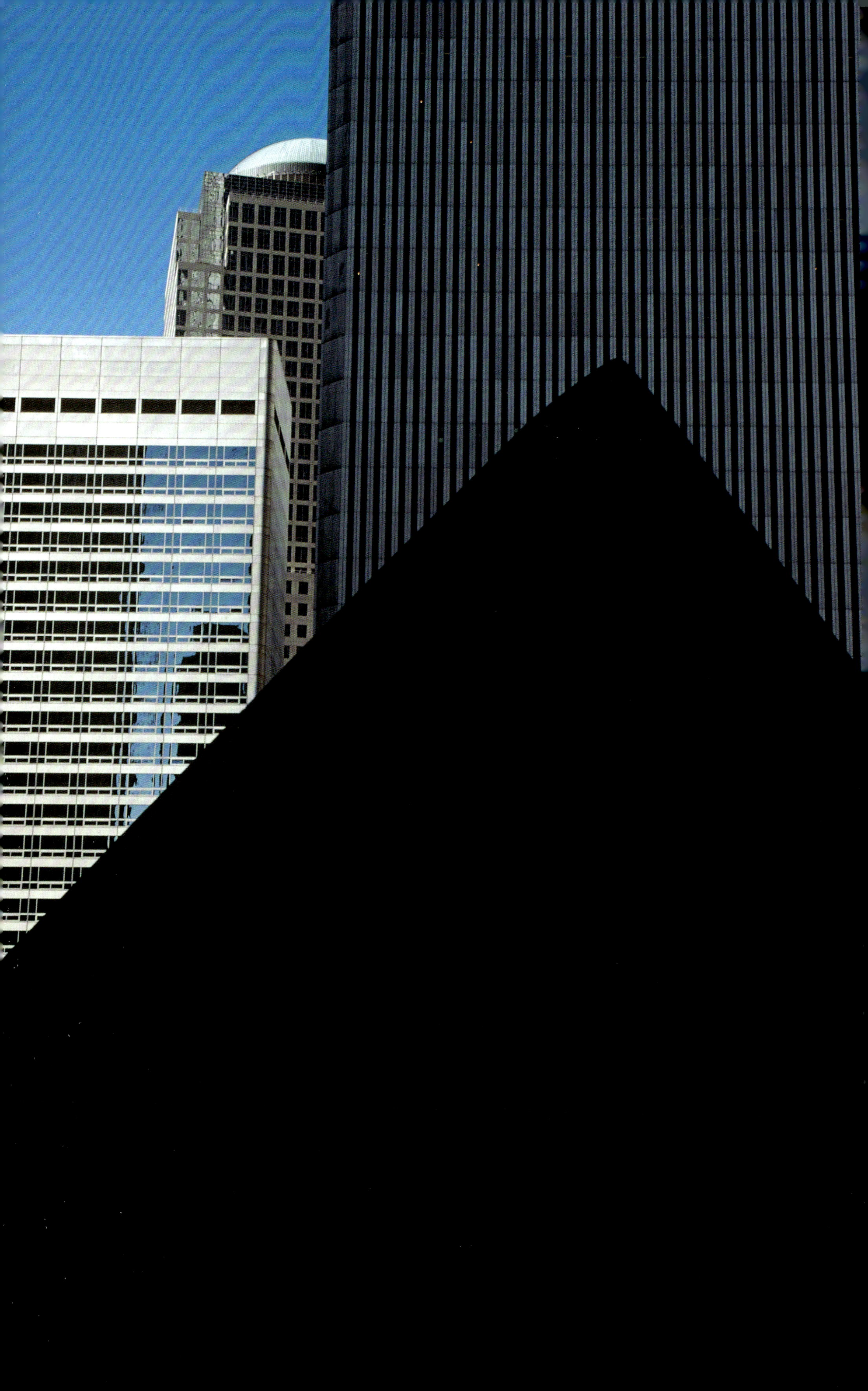

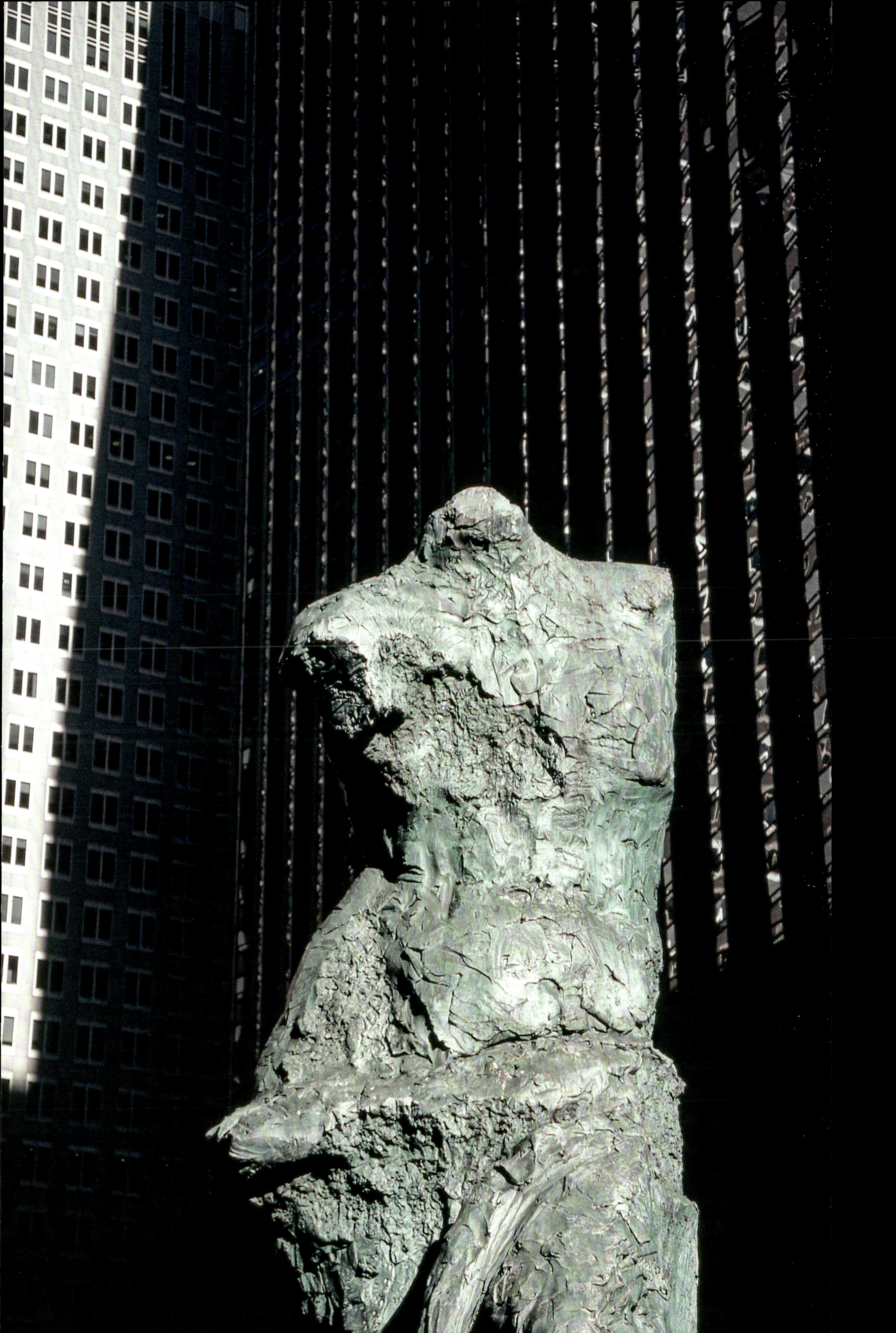

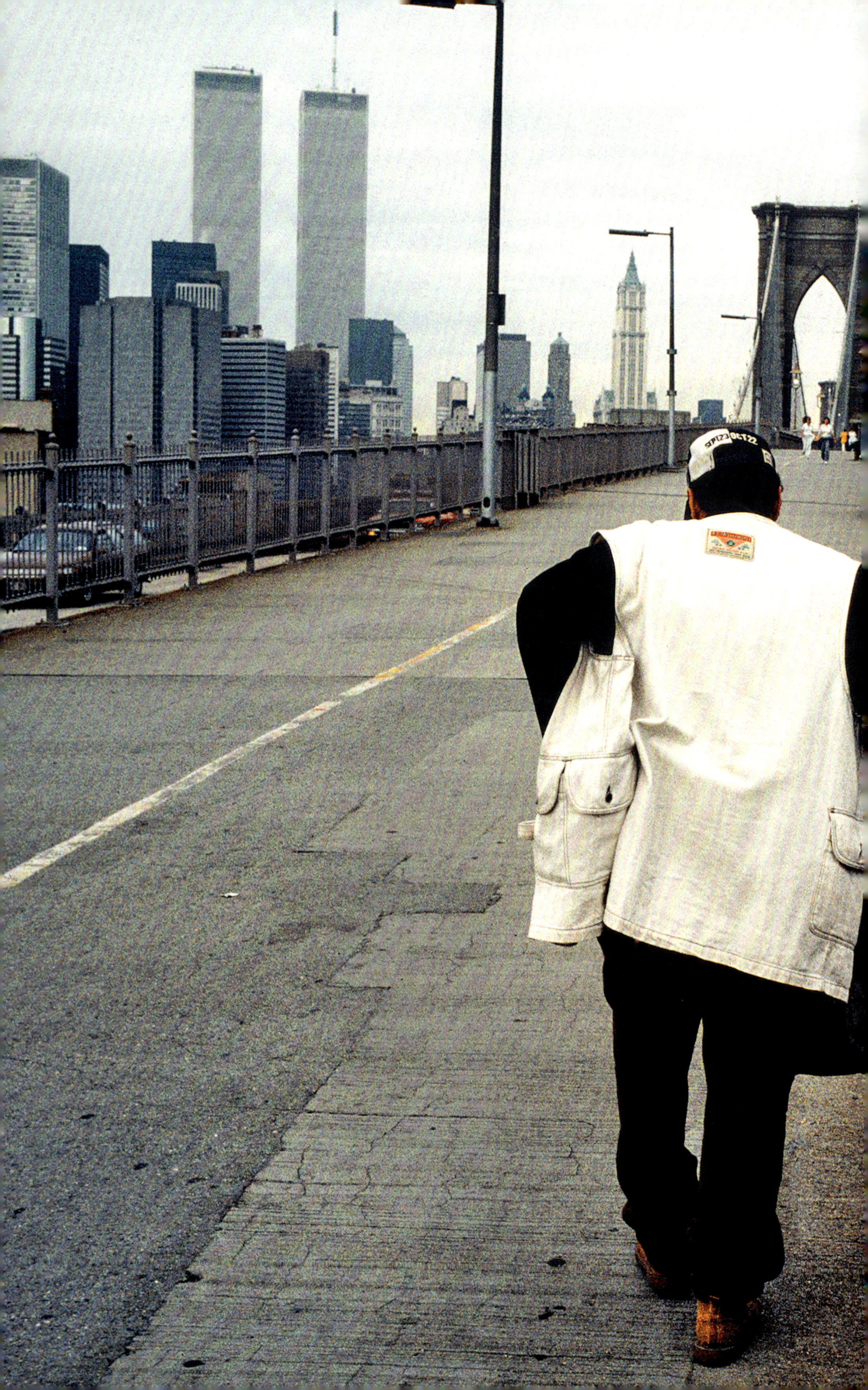
SEPT23 OCT22

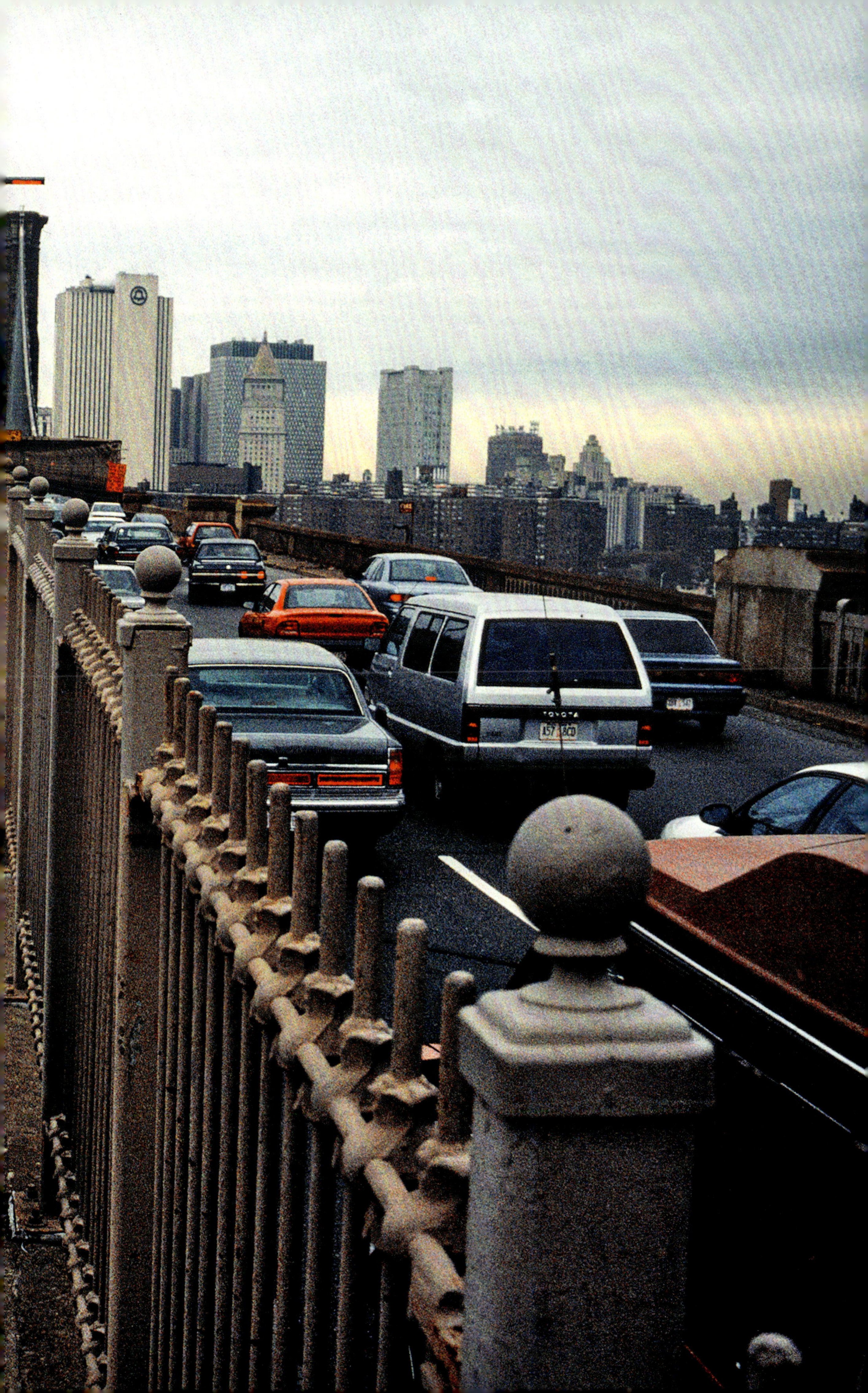
TOYOTA

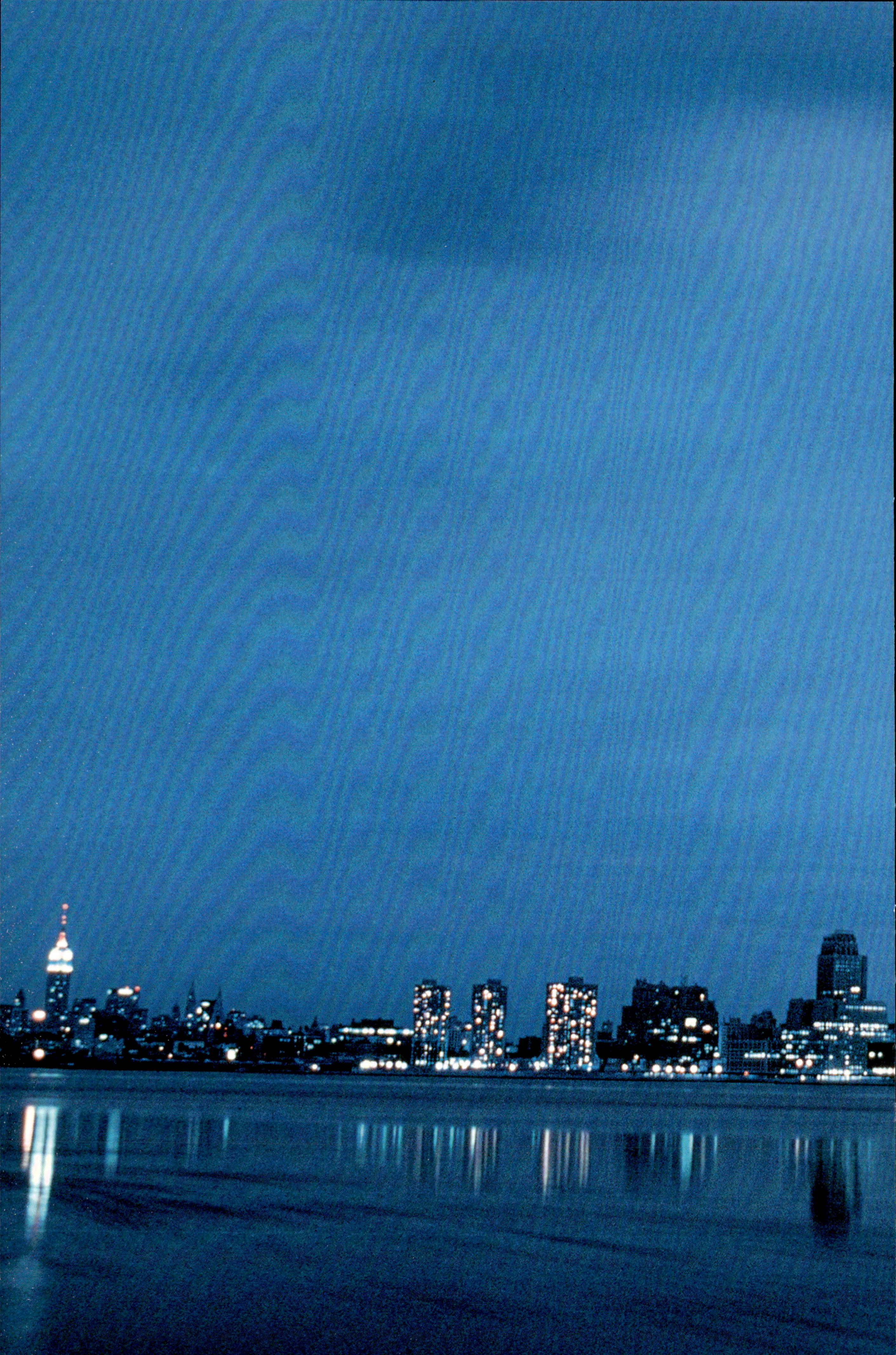

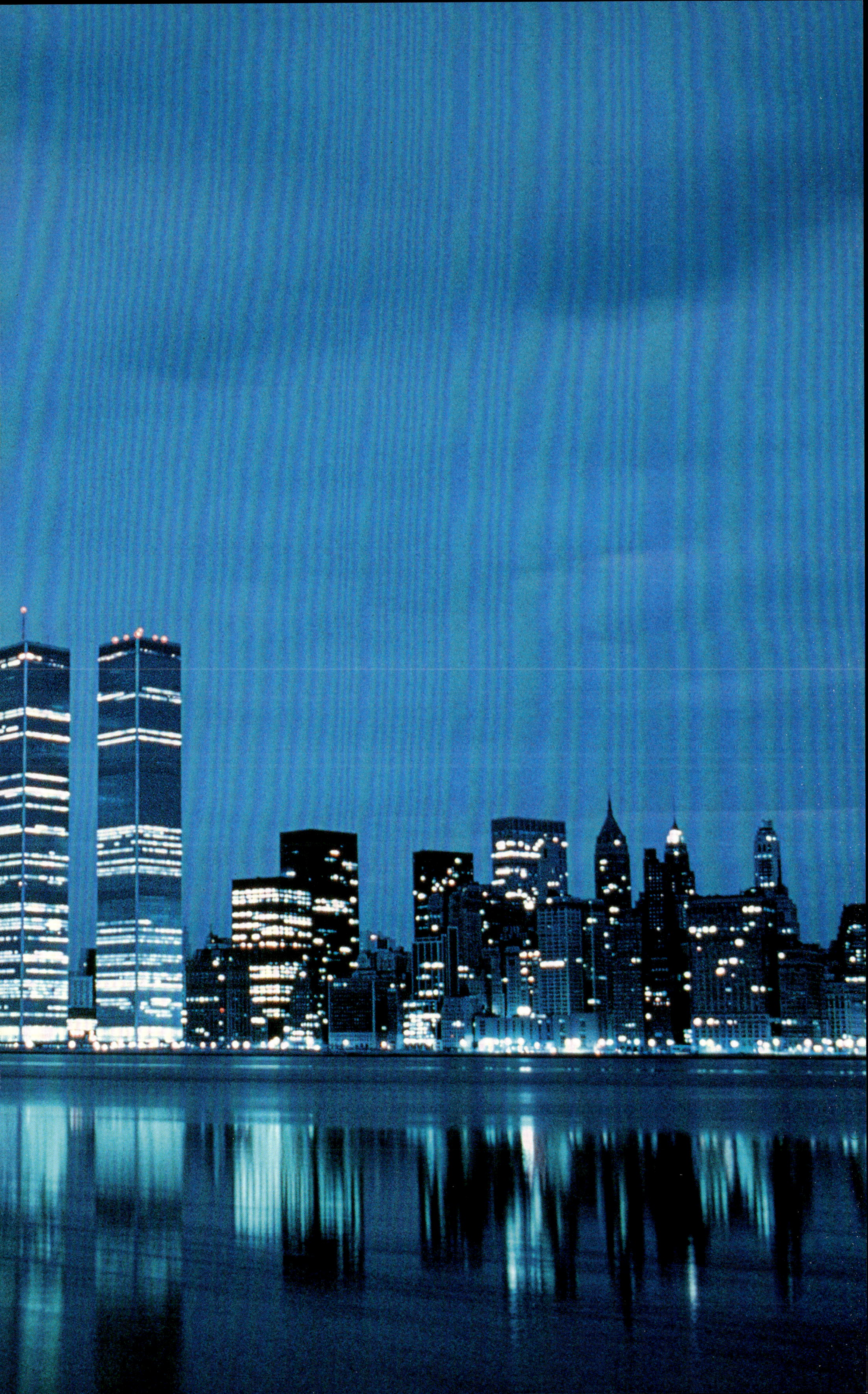

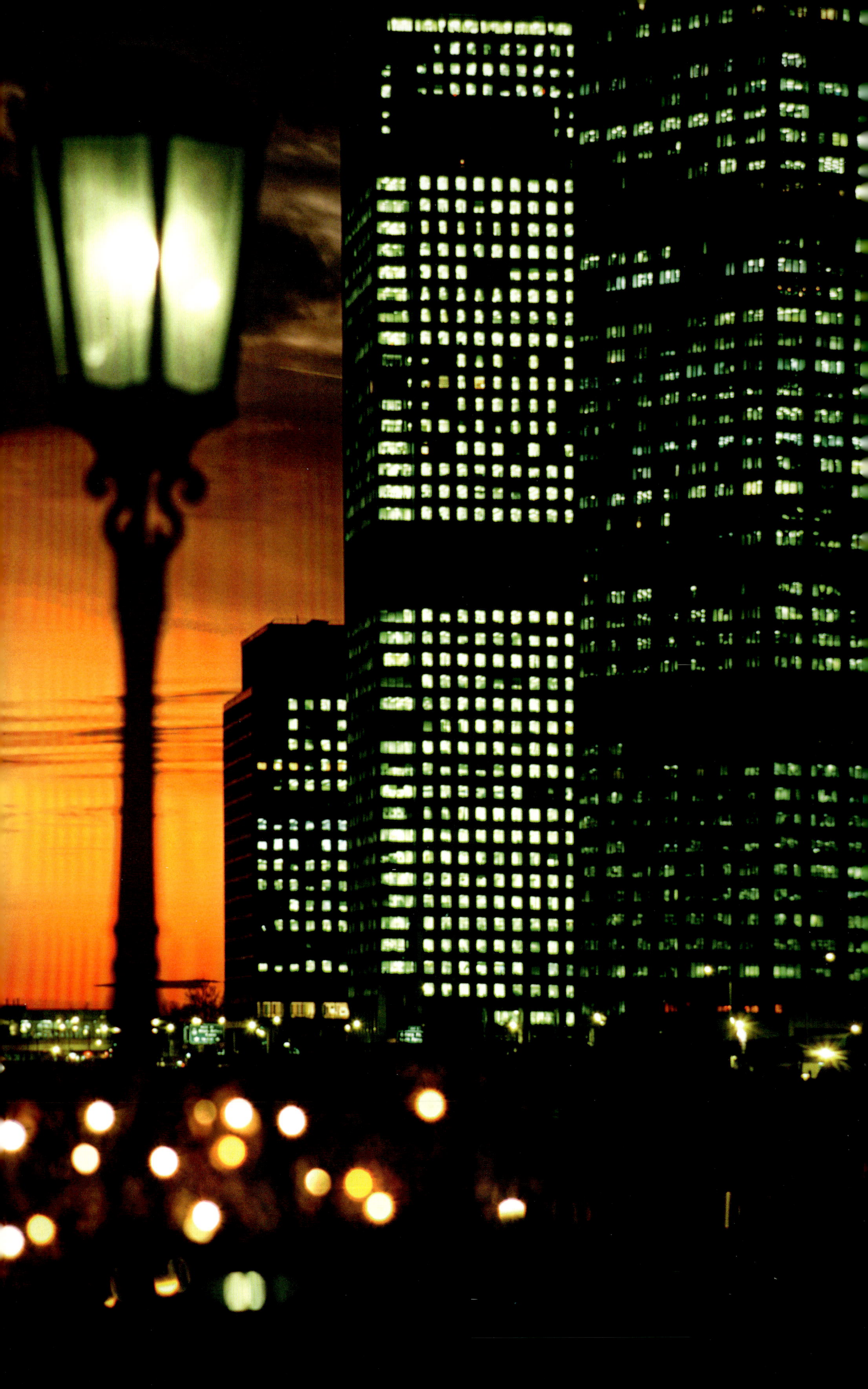

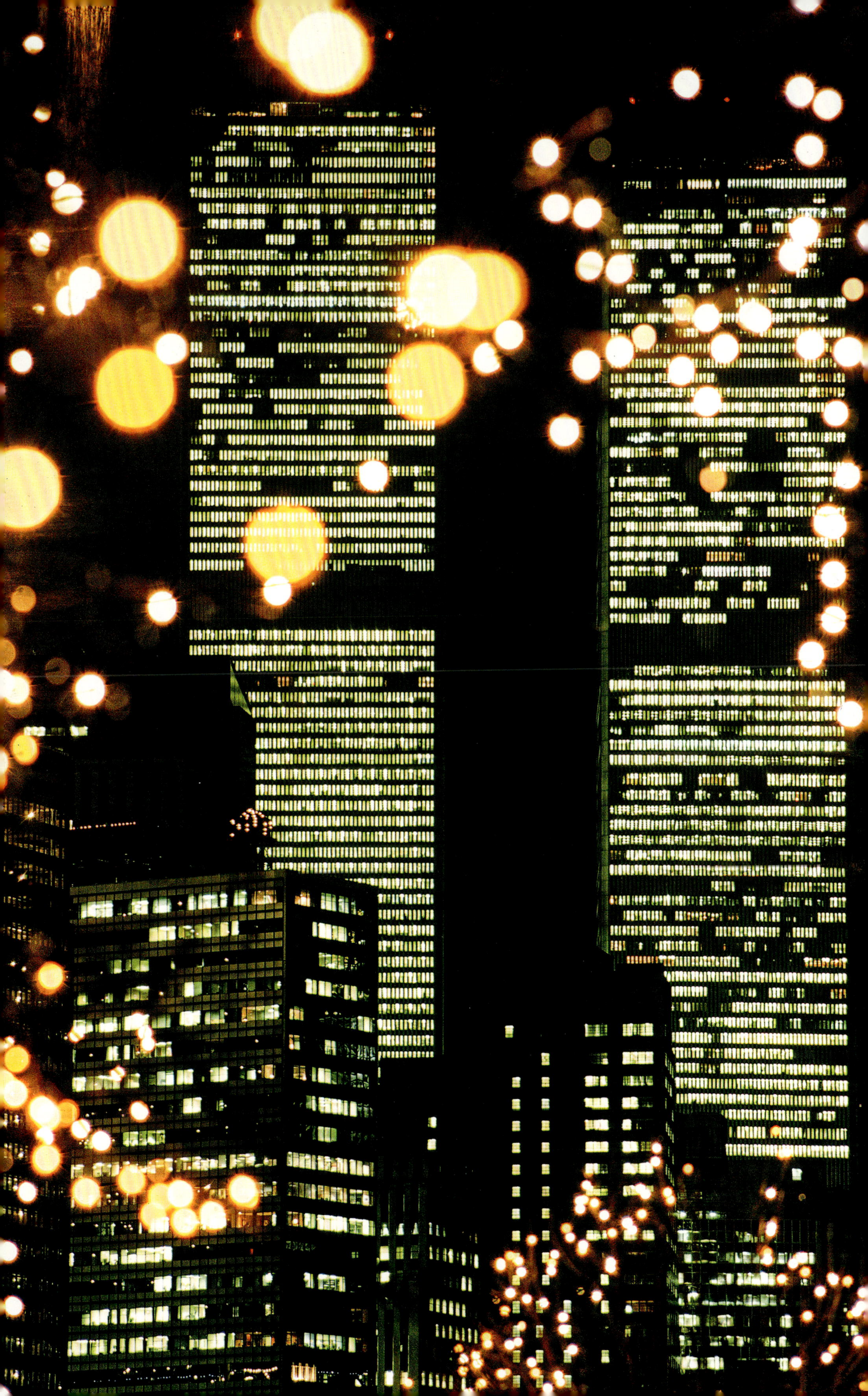

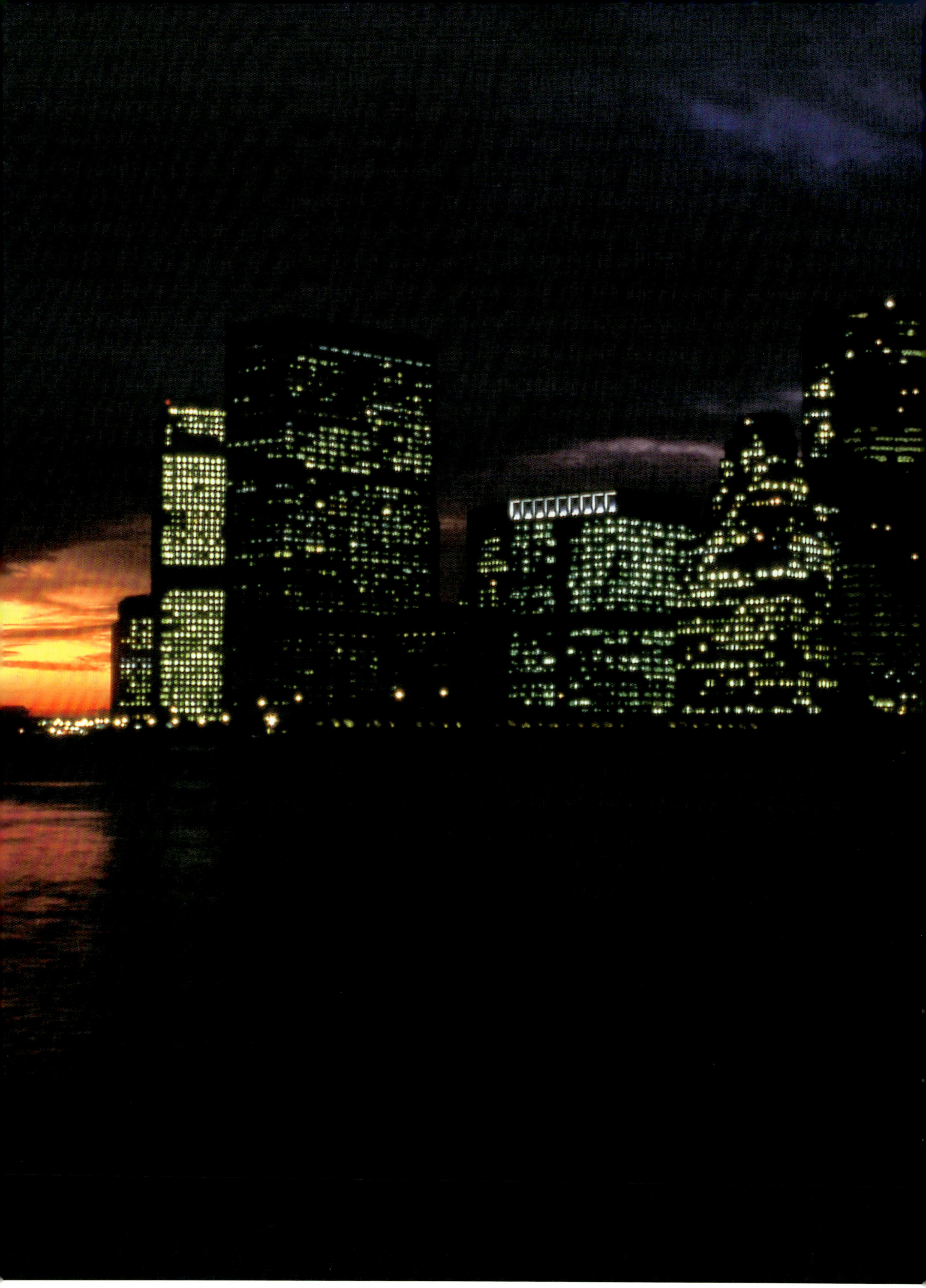

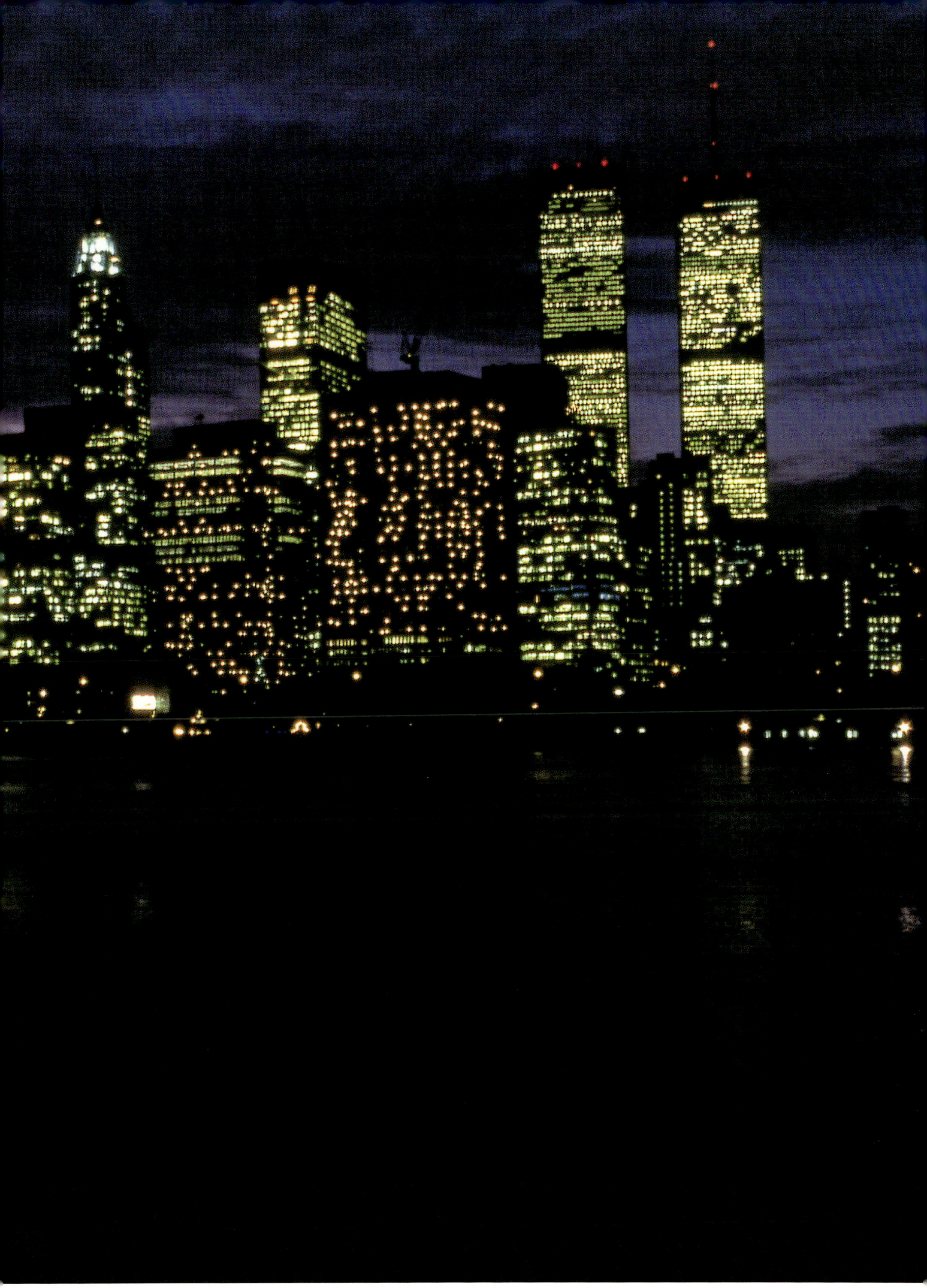

Elenco delle opere

Le 35 fotografie esposte nella mostra "Fulvio Roiter: High-Rise New York" (stampe moderne su carta FineArt Baryta, 2021, 60 × 40 cm / 40 × 60 cm) sono segnalate da un asterisco.

p. 27, *Senza titolo*, settembre 1998*
pp. 28-29, *Senza titolo*, senza data*
pp. 30-31, *Senza titolo*, senza data*
pp. 32-33, *Senza titolo*, senza data
pp. 34-35, *Senza titolo*, senza data
pp. 36-37, *Senza titolo*, senza data
pp. 38-39, *Senza titolo*, febbraio 1984
pp. 40-41, *Senza titolo*, febbraio 1984*
p. 42, *Senza titolo*, novembre 1998*
p. 43, *Senza titolo*, settembre 1998
pp. 44-45, *Senza titolo*, febbraio 1984*
p. 46, *Senza titolo*, novembre 1996
p. 47, *Senza titolo*, aprile 1997
pp. 48-49, *Senza titolo*, febbraio 1984
pp. 50-51, *Senza titolo*, novembre 1996
p. 52, *Senza titolo*, senza data
p. 53, *Senza titolo*, senza data
pp. 54-55, *Senza titolo*, senza data*
pp. 56-57, *Senza titolo*, senza data*
p. 58, *Senza titolo*, novembre 1996
p. 59, *Senza titolo*, novembre 1996
pp. 60-61, *Senza titolo*, aprile 1997
pp. 62-63, *Senza titolo*, senza data*
pp. 64-65, *Senza titolo*, febbraio 1984*
pp. 66-67, *Senza titolo*, novembre 1984*
pp. 68-69, *Senza titolo*, senza data*
pp. 70-71, *Senza titolo*, senza data
pp. 72-73, *Senza titolo*, senza data
p. 74, *Senza titolo*, aprile 1997*
p. 75, *Senza titolo*, febbraio 1984*
pp. 76-77, *Senza titolo*, aprile 1997
pp. 78-79, *Senza titolo*, senza data*
p. 80, *Senza titolo*, senza data*
p. 81, *Senza titolo*, settembre 1998*
p. 82, *Senza titolo*, senza data*
p. 83, *Senza titolo*, novembre 1984*
pp. 84-85, *Senza titolo*, senza data*
pp. 86-87, *Senza titolo*, settembre 1998*
pp. 88-89, *Senza titolo*, settembre 1998
p. 90, *Senza titolo*, aprile 1997*
p. 91, *Senza titolo*, settembre 1998*
pp. 92-93, *Senza titolo*, senza data*
p. 94, *Senza titolo*, senza data*
p. 95, *Senza titolo*, settembre 1998*
pp. 96-97, *Senza titolo*, febbraio 1984*
p. 98, *Senza titolo*, senza data*
p. 99, *Senza titolo*, senza data*
p. 100, *Senza titolo*, senza data
p. 101, *Senza titolo*, settembre 1998*
pp. 102-103, *Senza titolo*, settembre 1998*
pp. 104-105, *Senza titolo*, aprile 1997
p. 106, *Senza titolo*, settembre 1998*
p. 107, *Senza titolo*, settembre 1998
pp. 108-109, *Senza titolo*, novembre 1998*
pp. 110-111, *Senza titolo*, senza data*
p. 112, *Senza titolo*, febbraio 1984*
p. 113, *Senza titolo*, senza data*
pp. 114-115, *Senza titolo*, senza data

List of Works

The 35 photographs displayed in the exhibition *Fulvio Roiter: High-Rise New York* (modern prints on FineArt Baryta paper, 2021, 60 × 40 cm / 40 × 60 cm) are marked by an asterisk.

p. 27, *Untitled*, September 1998*
pp. 28–29, *Untitled*, undated*
pp. 30–31, *Untitled*, undated*
pp. 32–33, *Untitled*, undated
pp. 34–35, *Untitled*, undated
pp. 36–37, *Untitled*, undated
pp. 38–39, *Untitled*, February 1984
pp. 40–41, *Untitled*, February 1984*
p. 42, *Untitled*, November 1998*
p. 43, *Untitled*, September 1998
pp. 44–45, *Untitled*, February 1984*
p. 46, *Untitled*, November 1996
p. 47, *Untitled*, April 1997
pp. 48–49, *Untitled*, February 1984
pp. 50–51, *Untitled*, November 1996
p. 52, *Untitled*, undated
p. 53, *Untitled*, undated
pp. 54–55, *Untitled*, undated*
pp. 56–57, *Untitled*, undated*
p. 58, *Untitled*, November 1996
p. 59, *Untitled*, November 1996
pp. 60–61, *Untitled*, April 1997
pp. 62–63, *Untitled*, undated*
pp. 64–65, *Untitled*, February 1984*
pp. 66–67, *Untitled*, November 1984*
pp. 68–69, *Untitled*, undated*
pp. 70–71, *Untitled*, undated
pp. 72–73, *Untitled*, undated
p. 74, *Untitled*, April 1997*
p. 75, *Untitled*, February 1984*
pp. 76–77, *Untitled*, April 1997
pp. 78–79, *Untitled*, undated*
p. 80, *Untitled*, undated*
p. 81, *Untitled*, September 1998*
p. 82, *Untitled*, undated*
p. 83, *Untitled*, November 1984*
pp. 84–85, *Untitled*, undated*
pp. 86–87, *Untitled*, September 1998*
pp. 88–89, *Untitled*, September 1998
p. 90, *Untitled*, April 1997*
p. 91, *Untitled*, September 1998*
pp. 92–93, *Untitled*, undated*
p. 94, *Untitled*, undated*
p. 95, *Untitled*, September 1998*
pp. 96–97, *Untitled*, February 1984*
p. 98, *Untitled*, undated*
p. 99, *Untitled*, undated*
p. 100, *Untitled*, undated
p. 101, *Untitled*, September 1998*
pp. 102–103, *Untitled*, September 1998*
pp. 104–105, *Untitled*, April 1997
p. 106, *Untitled*, September 1998*
p. 107, *Untitled*, September 1998
pp. 108–109, *Untitled*, November 1998*
pp. 110–111, *Untitled*, undated*
p. 112, *Untitled*, February 1984*
p. 113, *Untitled*, undated*
pp. 114–115, *Untitled*, undated

Biography

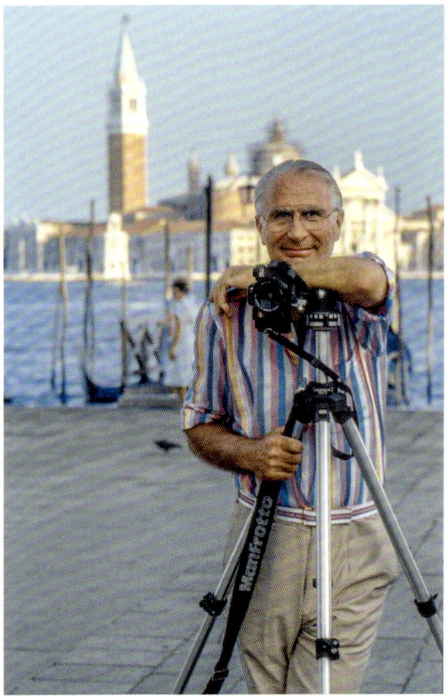

Fulvio Roiter in Venice during the 1990s

Fulvio Roiter (November 1, 1926, Meolo – April 18, 2016, Venice) is widely considered one of Italy's most important twentieth-century photographers, his extraordinary photography of Venice—his adopted home—attracting much international acclaim. During his sixty-year career, Roiter published over seventy volumes that document his travels across the world.
Born in Meolo, a village located in the Venetian hinterland, Roiter fulfilled his parents' wishes and qualified as a chemical technician.
However, it was not long before the young Roiter began to nurture an emerging interest in photography. First incited by his discovery of a Billy Box camera at home, the gift of a Welta camera from his father soon cemented his passion.
From 1947 onwards, at the age of 21, Roiter would gradually dedicate more and more time to photography.
The year 1948 proved decisive for Roiter's development upon his meeting with Paolo Monti, who was the acting secretary of Venice's Circolo Fotografico La Gondola, a photography society that he had founded the previous year. The association looked towards photographers such as Otto Steinert, Robert Doisneau, Henri Cartier-Bresson and Werner Bischof as sources of aesthetic inspiration. Roiter and Monti collaborated at the Circolo Fotografico La Gondola until 1952.
In 1953, Roiter embarked upon his first work trip to Sicily, an experience that would mark the beginning of his professional career. Guided by literary advice provided by Monti, together with a pledge made by Roiter to his father that he would abandon photography should the Sicilian assignment prove unsuccessful, he spent a month travelling around the island on a Garelli Mosquito bicycle, taking photographs at will. Several of them were selected for inclusion in the collective volume Les petits des hommes *published by Swiss publishing house Guilde du Livre (founded and directed by Albert Mermoud) later that year.*
His father's hopes for a career in science for him had, by now, been permanently dashed.
The subsequent publication of Roiter's complete body of Sicilian work in the Swiss magazine Camera *(founded by Romeo Martinez) in January 1954 secured him a place on the international stage.*
His position was further cemented by the inclusion of a photograph in the second edition of the Subjektive Fotografie *catalogue, the legendary exhibition of modern photography curated by the German photographer and teacher Otto Steinert (State School of Arts, Saarbrücken, February 1954).*
Despite working to an incredibly tight deadline, Roiter successfully published his first solo volume, Venise à fleur d'eau *("Venice at Water Level"), towards the end of the year (Guilde du Livre, Lausanne 1954). Constituting the Swiss publisher's first monograph dedicated to an Italian photographer, the 8,000-print run of the black*

and white volume was noteworthy as a debut volume. The following year, Mermoud commissioned another black and white publication from Roiter entitled Ombrie. Terre de Saint-François *("Umbria. Land of St. Francis", Guilde du Livre, Lausanne 1955). Its success resulted in Roiter being awarded the prestigious Prix Nadar in 1956, an annual prize awarded for a photography book. Roiter's travels soon took him to Brazil in 1957, a nine-month experience during which he witnessed the birth of Brasilia. He would later refer to the trip as a watershed moment in his career. The photographer's relentless search for eye-catching images inspired him to travel to distant countries that were often hostile in terms of accessibility and safety at the time, such as Amazonia (1959), Persia (1964), Turkey (1965), Mexico (1966), Lebanon (1967). These were followed by numerous trips to Equatorial Africa during the 1970s, including the Ivory Coast, Niger and Zaire. Roiter also made frequent visits to European countries, amongst which France, Holland, Portugal, Andalusia, and Greece. A 1959 trip to Belgium proved life-changing when he met the photojournalist Louise "Lou" Embo, whom he would later marry. Despite his frequent trips abroad, Venice remained the focus of Roiter's lens and a source of constant inspiration. His photographs of the city quickly became synonymous with Venice itself. His ability to capture the beauty and stillness of the city's waterways and lesser-known aspects of daily life went unrivalled for over half a century. Roiter's enduring fascination with Venice culminated in the publication* Essere Venezia *("Being Venice", Udine, 1977). Translated into four languages, and featuring color reproductions in horizontal format, a particularly unusual design at the time, it became an international bestseller with the sale of over 700,000 copies. Following the success of* Essere Venezia, *Roiter chose to abandon black and white photography in favor of color, as well as a preference for horizonal volumes. Publishing over seventy volumes during the course of his career, the photographer's publications range widely in terms of style, color and format, but are united by a distinct stylistic coherency. Although Roiter hailed from the school of Neorealism, he did not follow the dictates of its social vision. Alternatively, he chose to distil "the quality of images, their essence, their ability to evoke, to suggest. The photographer's eye conditions everything: apparently insignificant or too familiar subjects are presented, or presented again, in new and captivating sequences; a sort of third eye that sees where others only look. The important thing is to be able to demonstrate the rapidity of the visual decision, a path in which there is never the failing of haste and improvisation. The opportunities are the starting point, almost a pretext, for a rereading of reality" (Roiter,* Viaggio italiano, *Milan, 1999). He was notorious for his attention to detail during all phases of production, alongside a guarded secrecy regarding his methodology and archive. Following a lengthy illness, Roiter died in Venice on April 18, 2016 at the age of 89. Upon his death, his family inherited tens of thousands of vintage photographs and slides, the majority of which have never been seen before. Such a discovery prompted his daughter Jessica Roiter to set up a foundation dedicated to her father's work, Fondazione Fulvio Roiter. Its mission is to safeguard and promote Roiter's vast artistic patrimony through the organization of events, exhibitions and publications in Italy and abroad.*

Biografia

Fulvio Roiter (Meolo, 1° novembre 1926 – Venezia, 18 aprile 2016) è stato uno dei fotografi italiani più importanti del Novecento e le sue straordinarie immagini di Venezia – sua città d'adozione – hanno riscosso plauso a livello internazionale. Nel corso della sua sessantennale carriera, Roiter ha pubblicato oltre settanta volumi che documentano i suoi viaggi in giro per il mondo.

Originario di Meolo, un paesino dell'entroterra veneziano, il giovane Roiter si diploma come perito chimico esaudendo il desiderio dei genitori, ma comincia abbastanza presto a nutrire un interesse per la fotografia. La sua passione, inizialmente stimolata dalla scoperta di una macchina fotografica Billy Box in casa, si consolida rapidamente con la Welta di cui gli fa dono il padre. A partire dal 1947, il ventunenne Roiter dedicherà sempre più tempo alla fotografia.

Il 1948 segna un momento decisivo per il suo sviluppo: a quell'anno risale infatti l'incontro con Paolo Monti, segretario del Circolo fotografico la Gondola di Venezia da lui fondato l'anno precedente, che guarda a fotografi quali Otto Steinert, Robert Doisneau, Henri Cartier-Bresson e Werner Bischof come fonti di ispirazione estetica. La collaborazione di Roiter e Monti alla Gondola prosegue fino al 1952.

Nel 1953, Roiter parte per il suo primo viaggio in Sicilia, esperienza che sancirà l'esordio della sua carriera professionale. Guidato dai consigli letterari di Monti e ben conscio di aver promesso al padre che avrebbe abbandonato la fotografia se la trasferta siciliana si fosse rivelata infruttuosa, per un mese Roiter percorre tutta la regione in sella a un Garelli Mosquito scattando fotografie a volontà. Alcune di esse vengono selezionate per il volume collettaneo *Les petits des hommes* pubblicato nel corso di quell'anno dalla casa editrice svizzera Guilde du Livre (fondata e diretta da Albert Mermoud). La possibilità di una carriera scientifica auspicata dal padre per il figlio naufraga definitivamente.

Con la pubblicazione integrale del lavoro siciliano sulla rivista svizzera "Camera" (fondata da Romeo Martinez) nel gennaio 1954, il nome di Roiter comincia a circolare a livello internazionale. La sua fama è ulteriormente accresciuta dall'inclusione di un suo scatto nella seconda edizione del catalogo di "Subjektive Fotografie", la leggendaria mostra di fotografia moderna curata dal fotografo e docente tedesco Otto Steinert (Staatliche Schule für Kunst und Handwerk, Saarbrücken, febbraio 1954).

Pur lavorando con tempi molto stretti, verso la fine dell'anno Roiter riesce a pubblicare il suo primo libro fotografico, *Venise à fleur d'eau* (Guilde du Livre, Lausanne 1954). È la prima volta che l'editore svizzero pubblica una monografia dedicata a un fotografo italiano, e per un lavoro di esordio la tiratura di 8000 copie del volume in bianco e nero è un risultato

significativo. L'anno seguente, Mermoud commissiona a Roiter un altro libro in bianco e nero intitolato *Ombrie. Terre de Saint-François* (Guilde du Livre, Lausanne 1955). Nel 1956 il successo del volume vale a Roiter il prestigioso Prix Nadar, assegnato ogni anno a un libro fotografico. Nel 1957 Roiter parte per il Brasile. L'esperienza di nove mesi, durante la quale seguirà la nascita di Brasilia, verrà definita dal fotografo uno spartiacque nella sua carriera. L'incessante ricerca di immagini che catturano lo sguardo lo spinge, negli anni successivi, a esplorare regioni remote, all'epoca difficilmente raggiungibili e poco sicure, come l'Amazzonia (1959), la Persia (1964), la Turchia (1965), il Messico (1966) e il Libano (1967). Negli anni settanta seguono numerosi viaggi in paesi dell'Africa come Costa d'Avorio, Niger e Zaire. Roiter visita spesso anche paesi europei, tra cui Francia, Olanda, Portogallo, Andalusia e Grecia. Un viaggio in Belgio nel 1959 gli cambia la vita: è lì che incontra, infatti, la fotogiornalista Louise "Lou" Embo, che in seguito diventerà sua moglie.
Nonostante i frequenti spostamenti all'estero, Venezia resta al centro dell'obiettivo di Roiter e continua a essere un'incessante fonte di ispirazione. Le sue foto della città diventano rapidamente sinonimo della stessa Venezia. La sua capacità di cogliere la bellezza e la calma immota dei canali, come pure aspetti meno noti della vita quotidiana, resta ineguagliata per oltre mezzo secolo. L'attrazione costante di Roiter per la città lagunare culmina nella pubblicazione di *Essere Venezia* (Udine 1977): tradotto in quattro lingue e con riproduzioni a colori in un formato orizzontale, piuttosto insolito per l'epoca, il volume diventa un best-seller internazionale superando le 700.000 copie vendute. Dopo questo successo editoriale, Roiter abbandona la fotografia in bianco e nero per passare al colore, continuando a privilegiare il formato orizzontale.
Le pubblicazioni di Roiter – più di settanta nell'arco della sua carriera – presentano forti differenze in termini di stile, colore e formato, ma sono unite da una spiccata coerenza stilistica. Pur provenendo dalla scuola del neorealismo, Roiter non segue i dettami della sua visione sociale ma sceglie di far leva "sulla qualità delle immagini, sulla loro essenzialità, la loro capacità di coinvolgere, di suggestionare. L'occhio del fotografo condiziona tutto: soggetti apparentemente insignificanti oppure troppo noti vengono proposti o riproposti in sequenze nuove e accattivanti; una specie di terzo occhio che 'vede' dove gli altri solamente osservano. L'importante è poter dimostrare la rapidità della decisione visiva, un tracciato in cui non esiste mai il vizio della fretta e dell'improvvisazione.
Le 'occasioni' costituiscono un punto di partenza, quasi un pretesto, per una rilettura del reale" (Roiter, *Viaggio italiano*, Milano 1999).
Il fotografo era conosciuto per la sua attenzione al dettaglio durante tutte le fasi di produzione e il circospetto riserbo sulla sua metodologia e il suo archivio.
Roiter si è spento a Venezia il 18 aprile 2016 all'età di 89 anni dopo una lunga malattia. Alla sua morte, la famiglia ha ereditato decine di migliaia di fotografie e diapositive, la maggior parte delle quali ancora inedite. Questa scoperta ha spinto la figlia Jessica Roiter a creare la Fondazione Fulvio Roiter, dedicata all'opera del padre. La sua missione è salvaguardare e promuovere l'immenso patrimonio artistico del grande fotografo attraverso l'organizzazione di eventi, mostre e pubblicazioni in Italia e nel mondo.

Bibliography / Bibliografia

1954
Venise à fleur d'eau, Lausanne

1955
Ombrie. Terre de Saint-François, Lausanne

1957
Andalousie, Lausanne

1968
Mexico, Zürich

1970
Turkey: A sketch of Turkish history, edited by / a cura di F. Stark, London

1977
Essere Venezia, Udine

1978
• *Laguna di Venezia*, Udine
• *Friuli, Venezia Giulia*, text by / testo di C. Sgorlon, Udine

1980
Libano, Udine

1981
• *Carnevale a Venezia tra maschera e ragione*, text by / testo di M. Scaparro, Padova
• *Padova e Colli Euganei*, text by / testo di L. Balestra, image annotations by / commenti alle immagini di G. Chiaradia, Udine
• *Firenze e Toscana*, text by / testo di G. Pampaloni, image annotations by / commenti alle immagini di G. Chiaradia, Udine
• *Fulvio Roiter fotografo*, essay by / saggio di A. Moravia, Padova

1982
• *L'Oriente di Venezia*, Padova
• *I Grandi Fotografi – Fulvio Roiter*, Milano

1983
Terra d'Abruzzo, L'Aquila

1984
Centesimi di secondo, Padova

1985
• *150 anni Andrea Merzario: Giornale di bordo*, texts by / testi di E. Biagi, dedication by / dedica di J. M. Folon, Padova
• *Agrobusiness*, Ravenna
• *Ciociaria*, Frosinone

1986
Pisa / immagini di Fulvio Roiter e Renato Sandrini, Pisa

1987
• *L'albero*, texts by / testi di F. Pratesi, Ponzano Veneto
• *Pianeta Italia*, preface by / prefazione di H. Acton, Milano
• *Magic Venice in Carnival*, text by / testo di C. Dalla Corte, Ponzano Veneto
• *Il Chianti classico*, texts by / testi di G. Batini, Ponzano Veneto
• *Spoleto, città dei Due Mondi*, preface by / prefazione di G. C. Menotti, Roma
• *L'Egitto*, text and captions by / testo e didascalie di A. Roccati, Ponzano Veneto
• *Il gioco del ponte. Il giugno pisano*, images by / immagini di F. Roiter and / e R. Sandrini, texts by / testi di A. Giubilo and / e S. Carlesi, Pisa

1988
• *Saras di Sarroch*, preface by / prefazione di I. Montanelli, Venezia
• *Liguria*, text by / testo di G. Montaldo, Ponzano Veneto

1989
• *La mia Venezia*, Ponzano Veneto
• *La Calabria*, edited by / a cura di F. Roiter, images by / immagini di R. Sandrini, Catanzaro
• *Cansiglio. Il bosco dei Dogi*, preface by / prefazione di M. Rigoni Stern, Ponzano Veneto
• *Udine*, text by / testo di P. Fortuna, Treviso
• *Lago Maggiore*, photographs by / fotografie di M. de Biasi and / e F. Roiter, Intra

1990
• *Francesco d'Assisi. Il Cantico delle Creature*, preface by / prefazione di F. Cardini, Ponzano Veneto
• *Un'antica armonia: artigianato artistico nel trevigiano*, texts by / testi di A. Barzaghi and / e P. Ruffilli, Ponzano Veneto
• *Voltolina*, preface by / prefazione di E. Crispolti, Ponzano Veneto
• *Firenze teatro*, Ponzano Veneto
• *Firenze: essere nello sport*, texts by / testi di M. Cancogni, Ponzano Veneto

1992
• *Visibilia*, Milano
• *Vivaldi. Venezia*, text by / testo di P. Fortuna, Ponzano Veneto

1993
• *Paesaggi d'autore: Andalo, Molveno, Fai della Paganella*, text by / testo di M. Rigoni Stern, Ponzano Veneto
• *Art Nouveau in Milano*, text by / testo di G. Lopez, Milano
• *Provence (Provenza)*, Aix-en- Provence

1994
• *Terra di Dio*, text by / testo di G. Ravasi, Milano
• *Che la festa cominci: Venezia, Carnevale 1993 / Fulvio Roiter*, Milano
• *Aquileia; Ravenna*, text by / testo di A.Vigevani, Ponzano Veneto

1995
Nuvole, poems by / poesie di P. Ruffilli, Ponzano Veneto

1996
• *Burano. Isola del merletto e del colore*, Ponzano Veneto
• *Incanti di terre e di acque lombarde*, Oggiono

1997
• *Il palazzo ducale*, text by / testo di U. Franzoi, Ponzano Veneto
• *Vaticano*, text by / testo di A. Riccardi, Milano

1998
Il nuvolario, edited by / a cura di F. Maraini and / e F. Roiter, Venezia

1999
• *Viaggio italiano*, text by / testo di E. Biagni, Milano
• *Asolo: la perla del Veneto*, foreword by / introduzione di M. Brusatin, Ponzano Veneto
• *Udine*, text by / testo di P. Fortuna, Ponzano Veneto

2000
Venezia 1891-2001, text by / testo di I. Zannier, Ponzano Veneto

2001
• *Oltrepò pavese*, text by / testo di M. Milani, Sottomarina di Chioggia
• Fulvio Roiter, Lou Embo Roiter, *Il Lido*, edited by / a cura di I. Prandin, Sottomarina di Chioggia

2003
• *Venezia in maschera*, text by / testo di I. Prandin, Ponzano Veneto
• G. Hradetzky, *L'organo giubileo del Duomo di Treviso*, Sottomarina di Chioggia

2004
Valpolicella, preface by / prefazione di S. Lorenzetto, Verona

2005
• *Un uomo senza desideri*, text by / testo di I. Roiter, Campagnola di Zevio
• *Sardegna. Tutti i colori della luce*, preface di / prefazione di M. Brigaglia, text by / testo di P. Agostini, Cagliari

2006
• *Una vita per Venezia*, text by / testo di I. Roiter, Campagnola di Zevio
• *Portogruaro. Immagini: dalla raccolta di Roberto Pupulin*, original photographs by / fotografie originali di F. Roiter, text by / testo di U. Padovese, Ponzano Veneto

2007
• *Amazzonia*, text by / testo di I. Roiter, Venezia
• *Fulvio Roiter. Infinita passione*, edited by / a cura di R. Mutti and / e R. Schirer, Milano

2008
• *Fulvio Roiter / fotografare Venezia*, Treviso
• *Fulvio Roiter*, edited by / a cura di G. Tani, I. Roiter and / e F. Roiter, with preface by / con una prefazione di F. Merlak, Torino

2010
Laguna & dintorni. Aquileia, Grado, Marano Lagunare, text by / testo di I. Roiter, Padova

2011
World Trade Center Before, text by / testo di I. Roiter, Limena

2012
• *Sile il fiume sorgivo*, Trieste
• R. Mutti, *Fulvio Roiter*, Milano-Torino
• *Fulvio Roiter*, Milano

2016
• *Trieste. San Giusto, un luogo della storia*, edited by / a cura di F. Tomizza and / e F. Roiter, Milano
• *Centootto ville della Valpolicella. Le dimore nel tempo*, text by / testo di G. Conforti, photographs by / fotografie di L. Embo and / e F. Roiter, Verona

2018
Fulvio Roiter. Fotografie / Photographs. 1948-2007, edited by / a cura di D. Curti, Venezia

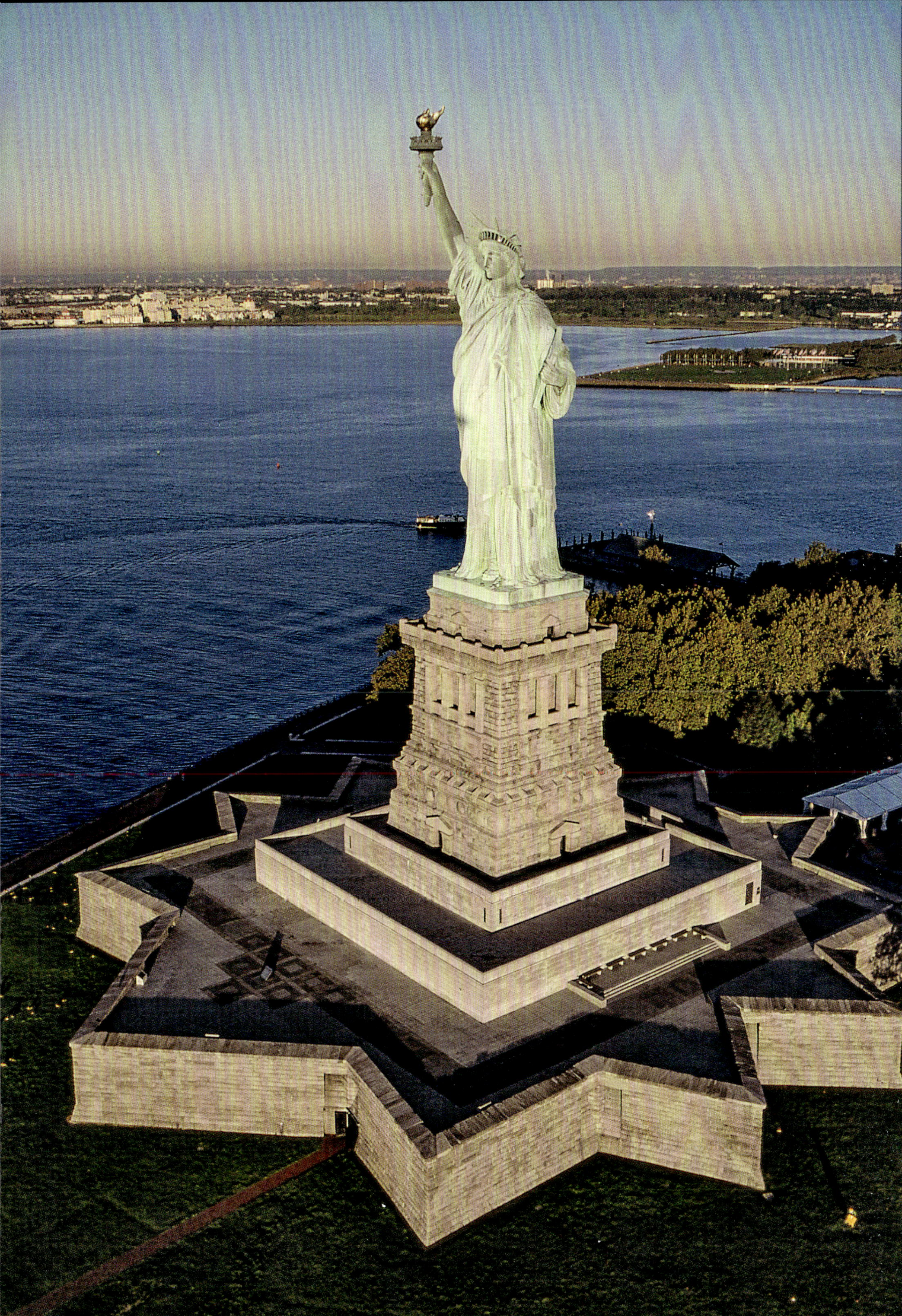